现代文化创意产品设计与开发研究

刘飞龙◎著

吉林人民出版社

图书在版编目 (CIP) 数据

现代文化创意产品设计与开发研究 / 刘飞龙著 . --
长春 : 吉林人民出版社 , 2022.10
ISBN 978-7-206-19607-2

Ⅰ . ①现… Ⅱ . ①刘… Ⅲ . ①文化产品 – 产品设计 –
研究②文化产品 – 产品开发 – 研究 Ⅳ . ① G124

中国版本图书馆 CIP 数据核字 (2022) 第 257181 号

现代文化创意产品设计与开发研究
XIANDAI WENHUA CHUANGYI CHANPIN SHEJI YU KAIFA YANJIU

著　　者：刘飞龙
责任编辑：孙　昶　　　　　　　　封面设计：袁丽静
吉林人民出版社出版 发行（长春市人民大街 7548 号）　邮政编码：130022
印　　刷：石家庄汇展印刷有限公司
开　　本：710mm × 1000mm　　1/16
印　　张：9.25　　　　　　　　字　　数：170 千字
标准书号：ISBN 978-7-206-19607-2
版　　次：2022 年 10 月第 1 版　　印　　次：2023 年 1 月第 1 次印刷
定　　价：68.00 元

如发现印装质量问题，影响阅读，请与印刷厂联系调换。

前　言

　　由于 21 世纪消费文化的形成，作为基本需求的产品固有的功能特性已不能满足人们对产品的文化和精神体验的期待，产品内涵价值的消费成为主流，人们对产品背后所传达的文化理念的感知，也从形式符号的意识理解向人类生活方式科学性和合理性的层面展开。人们开始对产品文化传承进行更有深度的思考，使可持续设计成为一个很重要的研究课题。

　　文化创意产品的载体为物质产品，是包含文化元素的情感消费产品，其往往囊括充足的传统民族文化元素，对民族传统文化的有效传播与传承起着重要作用。同时文化创意也是以文化形式创造产品价值的重要方式。现代社会的飞速发展使得文化创意行业内部竞争越发激烈，这就要求设计开发人员能够紧密契合当前时代发展进程，将产品作为载体，将文化作为元素，构建更为多元化的文化创意产品设计和开发体系。

　　随着时代的发展，我国对文化创意产品的关注力度居高不下，尤其是在2009 年我国颁布从中华人民共和国成立以来的首次文化产业规划书，即《文化产业振兴计划》，其中明确指出将重点发展我国文化产业，这说明文化产业已经成为推进我国经济和精神文明建设的战略性产业。在此种情况下的文化创意产品自然需要不断优化创新，在充分展现传统文化特色的同时，将深度契合新时代发展。

　　本书共六章。第一章为文化创意大起底：文化创意产品；第二章为走进文化创意产品设计；第三章至第五章是基于体验经济、情境整合、生活美学语境的现代文化创意产品设计与开发；第六章则是对现代艺术设计与文化创意产业未来发展的展望。

　　本书将理论与实践紧密结合，对文化创意产品开发设计与发展工作提供了提升的路径和方法，以便学习者加深对基本理论的理解。另外，在撰写本书的过程中，由于文化创意产品开发设计与发展思路涉及的范围比较广，需要探索的层面比较深，书中难免会存在一些不足，恳请前辈、同行以及广大读者指正。

刘飞龙

2022 年 2 月

目　录

文化创意

第一章　文化创意产品概述

第一节　解码文化创意产品

一、文化创意产品的产生条件

人们对文化创意产品的认知主要可以归纳为两种具有一定代表性的观点：其一，认为文化创意产品实质上属于文化产品，是能够体现出一定的艺术想象力或具有特定历史文化内涵的产品，如电影音像出版物、艺术品、各类收藏品等。从这一角度看，文化创意产品与文化产品相同，但将依靠管理规则、经营规则与技术标准存在的多种文化创意产品排除在外，可见这一观点存在一定的片面性。其二，将所有的设计产品与文化产品都笼统地归纳到文化创意产品的范畴，这种划分方式混淆和掩盖了创意产品独特的个性。所以说，以上两种观点对文化创意产品的认知均不全面，对其经济特征的定位都不够准确。

若要从真正意义上理解文化创意产品，首先需要对其产生条件——文化创意产业有所了解。如同其他传统产业一样，在创意经济背景下，文化创意产业有其独特的产生条件。这些条件遵循着创意经济的产生规律，也有着产业自身的特点。文化创意产业产生的条件有以下五个方面：社会经济水平、人类文化底蕴、科学技术发展、消费水平升级以及人居环境保护。

（一）社会经济水平

社会生产力水平不同，决定了社会经济发展水平的不同。不同的经济发展水平对应不同的产业等级，从第一产业、第二产业直至第三产业，其发展的根本动力源于社会的经济发展。在这些产业的发展过程中，人的创新起到了非常重要的作用。在所有的经济活动中，人的创意是以创新为基础的，创意在人类社会的经济生活中广泛存在，并不断影响着人们的生活方式。

创意作为一种产业，与广泛存在于人类一切经济活动中的产业不同，是在一定的经济发展阶段中产生的，即创意不但附属于产业，而且从产业中脱颖而出并逐渐分离，成为服务于产业的独立的第三产业。这样的分离，一方面突破了传统产业的局限，充分地发挥想象，扩大创新空间；另一方面，使创意更多地服务于其他行业，更加扩大创意作用的范围，促使创意提高各行业的附加值，真正成为独立的第三产业。

（二）人类文化底蕴

文化是人类群体或民族世代相传的行为模式、艺术、宗教信仰、群体组织和其他一切人类生产活动、思维活动的本质特征的总和。只要有人类的地方就会有文化的存在，并且文化又具有价值性和规范性、多样性和差异性、开发性和投资性。在当前经济发展的社会中，文化以其特有的性质不断地参与到经济建设中，并向市场渗透。文化与经济、文化与市场的这种融通，不仅有效传播了文化，还促进了经济发展和市场的繁荣，使人们生活产品呈现多样化，这有利于一个国家和地区通过挖掘文化要素提升经济效益。当然，文化并非会自动渗透于经济活动中，人类的主观能动性在其中起到了非常重要的作用，所以人们的观念、政府的政策、区域的环境等要素的作用不可忽视。

（三）科学技术发展

文化创意产业的发展离不开科技，人类科技的发展是创意经济产生的重要条件。当代科学技术突飞猛进，发展速度越来越快，并不断改变着人们的生活方式，推动着社会的进步。尤其是网络技术的发展，为文化创意产业的发展奠定了技术基础。

首先，科技的发展使文化创意产业获得了强大的技术支撑。它突破了传统产业的局限，或使传统产业淘汰，或使其摆脱束缚，不断升级。其次，创意产品的科技含量使产品的表现形式不同于传统产品。再次，科学技术的发展使创意产业迅速波及全球，其传播速度之快，是传统产业时代不能想象的。最后，科技使文化创意产业链不断延长，并且在产业链的每个环节给人类创造了无数个就业机会。

（四）消费水平升级

消费需求是随着社会经济水平的提高而不断升级的。国际上常采用恩格尔系数来衡量一个国家和地区人们的生活水平。根据联合国粮农组织提出的标准，恩格尔系数在 59% 以上为贫困，50% ～ 59% 为温饱，40% ～ 50%

为小康，30% ～ 40% 为富裕，低于 30% 为最富裕。

2021 年 2 月 18 日，国家统计局发布《中华人民共和国 2020 年国民经济和社会发展统计公报》。公报显示，全国居民恩格尔系数为 30.2%，其中城镇为 29.2%，农村为 32.7%。

生活水平的提高，带来的是消费层次的不断升级，如从对有形产品的消费需求上升至对无形产品的消费需求，从物质消费上升至精神消费。文化产品的消费需求在民众受教育程度和文化认知程度提高、收入增加、闲暇时间增多的时代尤其明显。人们对有文化属性的物质产品的需求亦日益提高，产品外观的创意设计、产品功能的创新等都会形成对消费者的吸引力。

（五）人居环境保护

经济发展如何与人居环境相协调是人类社会目前面临的重要研究课题之一。人居环境保护的观念是人类为权衡产业发展利弊而提出的。不可否认，传统产业在人类社会经济发展过程中创造了巨大的财富，但与此同时，传统产业的高能耗极大地消耗了地球资源，造成了对自然生态环境的破坏。

历史上，一些传统产业的基地往往都建造在发达城市中，对环境也造成了极大的压力。当今，许多发达城市已实现了产业换代，并加以改造升级。能耗几乎为零且无污染的"头脑产业"——文化创意产业，顺势成为城市中的产业宠儿，使城市环境更为绿色、生态。

综上所述，笔者认为文化创意产品有广义和狭义之分。广义的文化创意产品是指人类在历史各个时期的发展过程中，通过其智慧利用自然资源、社会资源和文化资源所生产的全部产品。广义的文化创意产品范围广、内容多，涉及的行业也非常齐全。狭义的文化创意产品是指在知识经济时代，一种源自个人创意、技能和才干，根据社会实践要求，以脑力劳动为主，通过知识产权的开发和运用，自觉创造出的具有象征价值、社会意义和特定文化内涵的产品或服务。

二、文化创意产品的基本特征

文化、创意和高科技元素的植入，决定了文化创意产品具有以下几个方面的基本特征。

（一）生产过程的成本复杂性

创意作为人类社会一种特殊的知识产品，其生产过程不是一个简单的过程，而是复杂的脑力劳动过程，因而其生产过程成本非常复杂。人的创造力在产品的生产过程中起着主导作用。从瑞士心理学家皮亚杰的"发生认识论"来考察创意的生成，就不难体会脑力劳动在文化创意产品生产过程中的作用以及产品成本的复杂性。一个创意的生成往往经历五个阶段：提出问题阶段、创意酝酿阶段、创意孵化阶段、创意生成阶段和创意成熟完善阶段。在此基础上，文化创意产品的生产才有可能。

不同于一般物质产品的生产，精神生产劳动对文化创意产品价值有决定性影响。精神生产劳动具有不可比性与独创性的特点，社会必要劳动时间不是衡量精神生产劳动成果价值量的唯一标准，所以，文化创意产品的生产成本具有一定的复杂性。从整个生产过程看，文化创意产品的价值链在不同生产阶段获得了不同程度的增值：在先期的研究开发阶段，其价值链附加值高；在中期生产制造阶段，其产生的利润较低；在后期销售阶段，其可以获得较高的利润。价值链整体的增值能力变化与"微笑曲线"相符，体现出了文化创意产品具备传统商品生产过程所没有的研发成本高、制造成本低、产品复制成本低到可忽略的特点。这种复杂的生产成本为文化创意产品的价格定位带来了很大的困难。在生产之前，没有人能够精准地判断出市场对文化创意产品的需求，因此，文化创意产品的生产营销具有不确定性和高风险性。也可以这么说，文化创意产品的研发生产和销售不适合采用以费用为基础、以生产者为导向的传统成本定价模式，而更加适合采用以价值为基础、以消费者为导向的差别定价模式。

（二）流通过程的共享性

采用传统商品交易模式交易有形产品时，生产者让渡使用价值，同时失去对产品的使用权与所有权，传统产品（如手机、汽车、洗衣机等）的使用过程实质上就是这些产品消耗价值的过程。而具有知识产权的文化创意产品却能实现多人同时使用，文化创意产品本身与创意服务可以实现与人共享，文化创意产品具有可重复利用和知识共享的特殊性质，其产业链也具有各个环节相互联系的特点。这使得这类产品在使用过程中不会发生价值的消耗，甚至还可以在一定条件下产生其他的使用价值，实现其本身价值的大幅增长。例如，一项设计技术、一张音像产品的专利不仅版权人可用，专利权人也可以使用，还能转让给其他人使用，专利被多少人共享，就可以有多少人使用；再如，风靡全球的动画片《米老鼠和唐老鸭》的使用价值不仅没有随着时间和使用次数的增长而减少，还因为迪士尼乐园的全球扩张，获得了更高的使用价值。应在具体的工艺生产过程中，通过对文化创意产品进行有效合理的运用，实现其使用价值到新产品中的等量转移，进而实现原有产品的改革或新产品的创新，以此创造更高的产品价值与更多的物质财富。

文化创意产品的价值不会因知识的共享和独享而降低，其专利技术的质量和版权也不会因此受到影响，这就是文化创意产品与服务具有的共享性。正是因为这一特性，文化创意产品才有了共享性传统产品所没有的可重复生产和使用的优势，文化创意产品也因此更易于发展，形成规模经济效应，实现社会交易成本的有效降低。

（三）消费过程的非排他性和非竞争性

文化创意产品往往能表现出与公共产品相同的特点，其价值消费具有一定的非排他性与非竞争性特征。

一杯水，被人倒出了一半，其他人只能使用剩下的一半；一件衣服，被一个人穿在了身上之后，其他人就不能在同一时间穿这件衣服。但是，同一部电影在放映室中播放，却可以供几人或多人同时观看，在露天放映时，甚至可以让更多的人同时观看，每个观众都能获得对这部电影完整的观赏体验。在电影结束放映后，仅在胶片上有轻微的磨损，对其里面的内容、后续使用价值几乎没有影响。

通过以上事例可以发现，在各种实物形态的产品中，大部分文化创意产品具有一定的非排他性和非竞争性特点。非排他性指产品因消费行为产生的利益无法被个人专有，也无法主动排除没有消费的人，也就是说，没有消费的人也有资格享受这一产品的利益，如公共文化广场的建造，很多为此提供了资金支持的市民当然可以享受其提供的良好的文化生活氛围与空间，而没有为其建造做出贡献的人，如外地游客等，同样因其开放性而可以享受与市民相同的服务。非竞争性指某一群体消费某一产品的行为不会对另一群体消费该产品的行为产生影响，一些人从某项产品中获得的收益也不会影响另外的使用者从该产品中获得同样的收益，利益与收益对象之间互不冲突。例如广播播放，听众的数目不会对任何听众的收听产生影响，无论是否在收听同一节目，都不会产生利益竞争。

文化创意产品在消费过程中体现的非排他性和非竞争性，可通过某些技术手段或措施来规避。例如，设置无线接收密码等可以限制他人使用，实现排他性收益；收取门票可产生竞争性消费。

（四）知识产权的保护性

文化创意产品和其他传统产品一样，在被交易以前，商品的价值和使用价值不可能得到体现，只有在交易发生后，商品的价值和使用价值才会体现出来。但是，文化创意产品交易的内容明显不同于一般传统商品的交易内容，这种不同主要为前者背后蕴藏着知识产权交易的内容。无论文化创意产品具有多高的价值，由于其在产品复制方面的成本具有归零特性，其只能在有知识产权保护的前提下，避免产品被任意抄袭仿制，保护产品价值的体现。

文化创意产品具有知识产权，可以满足多人同时使用的需求，还能实现产品或服务的多人共享，这就是文化创意产品在流通过程中所体现的重复利用性和共享性特点。而传统商品交易不具备这两个特征。传统商品在交易时，生产者向顾客让渡使用价值，同时失去对产品的使用权和所有权。文化创意产品与服务的专利不仅可以被专利权人和版权人自己使用，也可以转让给其他人使用，其专利可以被多个使用者同时使用，知识的共享与独享不会导致文化创意产品价值的降低，对专利技术质量与版权的影响微乎其微。文化创意产品不仅可以重复使用，也可以重复生产，可以使社会交易成本有效降低，从而易于发展形成规模经济效应。站在传统意义的角度上看，物质在生产过程中会占用一定的自然资源，在产品成型后，这些资源难以再次完整地被重新利用，只有少数物质产品可以在另一个制造通道中实现完整资源的再次利用。文化创意产品在这一点上与传统商品有明显的不同。文化创意产品是对文化资源的再开发创造和重复利用，文化资源本身不具备实物形态且具有可重复利用的优势，而创造文化创意产品的另一重要元素——个人创意同样不具备实物形态，所以说文化创意产品从一定角度看是各种不同层面的精神产品。在创作时可以重复利用同一文化资源，如围绕同一历史故事可以创作出小说、电视剧等多种形式的文化创意产品；在创作时也可以围绕不同创意者不同的个人创意，针对不同阶段进行创造，创造视角多元、内容丰富的文化创意产品。

文化创意产品的知识产权交易具体涉及文化创意产业不同领域的创意符号、创意要素、创意所有权、创意使用权等交易内容，还有特定文化创意产品的著作权、专利权、商标权等交易内容。如美国迪士尼产品，其增值部分就是迪士尼这个创意符号、商标和版权。

知识产权保护是文化创意产品的一个核心问题。文化创意产品的开发均有独创性和成本复杂性，而复制成本呈现归零性，从而使文化创意产品的知识产权保护问题显得非常重要，也成为文化创意产业发展的一个重要标志。

三、文化创意产品的分类方式

（一）从创意与不同领域的融合来划分

文化创意产业通过分散的个体劳动、简单协作的集体劳动和社会结合劳动来组织生产，由此产生了文化创意产品。在从分散劳动一直到社会结合劳动的过程中，创意与不同领域进行融合，因而文化创意产品可分为艺术性文化创意产品和经济性文化创意产品两大类。

1. 艺术性文化创意产品

所谓艺术性文化创意产品，是指存在于文化产业领域中的文化作品。艺术性文化创意产品是文化产业化的核心，其创作者往往是来自文化领域（文学艺术、视觉艺术、传媒艺术、表演艺术等）的艺术家。这些作品包括文字书写、声音图像录制、现场表演、视觉印象等，如一部小说、一幅画、一场话剧表演等。

2. 经济性文化创意产品

所谓经济性文化创意产品，是指创意元素融入传统产业生产过程中而出现的产品。创意元素的植入可以极大地提高产品的附加值，增加产品的市场竞争能力，从而扩大市场的销售。这类产品包括因工业设计、建筑设计、广告和会展策划等创意元素的融入而产生的产品或过程。这类产品具有新颖性、奇特性、高附加值性等特点。在这类产品中，产品的物理价值不可避免地构成价格的一部分，但是其所占的比例随着创意元素的植入而变得越来越小。例如在全国甚至全世界都盛行的情景旅游和体验旅游，其一改传统旅游的单一观景，而演变为情景相融、观景体验互动旅游。

（二）从文化创意产品的形态划分

从文化创意产品的形态划分，一般可以分为有形文化创意产品和无形文化创意产品两大类。

1. 有形文化创意产品

有形文化创意产品是指借助于物质载体形成的既有物质形态又有文化符号的创意商品,如工业产品、设计图纸、书刊、报纸、图画、雕塑、唱片、音像磁带、照片、电影拷贝、手稿、讲稿、电脑软件等。它直接为社会提供多姿多彩的消费品,并构成劳动力再生产所必需的享受资料与发展资料,成为社会总产品的组成部分。

2. 无形文化创意产品

无形文化创意产品是指直接为社会提供服务的创意服务,如咨询服务、演出服务、教学服务等。创意服务通过把各种各样的事物作为符号加以利用,使其具有某种象征意义,受到消费者的认同,从而具备商品的属性,可以作为商品进入市场流通,并转化为生产力,使用户获得经济效益。

(三)从文化创意产业群层面划分

从文化创意产业群层面划分,文化创意产品可以分为原创类文化创意产品、运作类文化创意产品和延伸类文化创意产品。

1. 原创类文化创意产品

原创类文化创意产品是指处于文化创意产业核心地位,与出版业、报业、电影业、广电业、文艺演出业、动漫产业等相结合的文化创意产品。内容性、新颖性、文化性、奇特性是原创类文化创意产品的主要特征。比如,创意与电影创作结合,便生成了电影业原创类文化创意产品。好莱坞著名导演史蒂文·斯皮尔伯格拍摄的《侏罗纪公园》就是典型的原创类文化创意产品。影片将社会百态和科幻现象相结合,创下了当时的票房纪录。超级多媒体梦幻剧《ERA——时空之旅》深入挖掘和利用中国特别是江南特有的民族艺术元素,综合了杂技、音乐、舞蹈、武术等,以时空交错为表现手法,艺术地展现中华民族的悠久历史、灿烂文明。《ERA——时空之旅》已成为上海城市文化新名片和都市旅游新景观剧目。

2. 运作类文化创意产品

运作类文化创意产品是指创意融入已有产业中并处于文化创意产业群运作层面的文化创意产品。运作类文化创意产品融入的产业有音像业、计算机和软件业、工业设计业、建筑设计业、服装设计业、广告业、旅游业、互联网业等。创意的转移性和创意的生命周期性是运作类文化创意产品的主要特征。创意的转移性是指创意一旦嫁接产业，即不再对创意进行深化，而是注重与产业融合的形式，比如，"分众传媒"的楼宇网络广告形式即创意转移至广告形式的典型说明。创意一旦转移成功，即开始了文化创意产品的生命周期。文化创意产品的生命周期与一般产品的生命周期相同，也要经历导入期、成长期、成熟期、衰退期。其生命周期的长短取决于市场同类产品的出现和新创意的生成。

3. 延伸类文化创意产品

延伸类文化创意产品是指处于文化创意产业群边缘，与服装业、体育娱乐业、会展业、工艺品业、商业服务业等相结合的创意产品。这类产品往往处于产业链的末端，其创意含量相对于原创类和运作类文化创意产品来说要低，但其生命周期比较长，并且其门类之多也是原创类和运作类文化创意产品所不能比拟的。如美国迪士尼，其延伸产品涉及很多行业，有服装业、玩具业、工艺品、娱乐业、图书、电子游戏等。值得注意的是，运作类和延伸类文化创意产品有时又是交叉的，即运作类文化创意产品具有延伸性，而延伸类文化创意产品具有运作性。

第二节　文化：文化创意产品的核心

中国传统文化内涵丰富，是我国文化在发展过程中积累所产生的优秀成果。中国传统文化有"俗文化"与"雅文化"之分，如"文房四宝"——笔、墨、纸、砚便是雅文化中的精品。在古代文人眼中，包括笔、墨、纸、砚在内的精美文房用具不仅是写诗作画的工具，更是他们指点江山、品藻人物、激扬文字、引领时代风尚的精神良伴。随着日常生活的审美普及，这种雅文化渐渐重新融入人们的生活中，体现在消费者对衣、食、住、行等日常需求的更高品质和内涵的追求上。最终，文化创意产品依靠蕴含其内的文化在众多产品中脱颖而出，不仅受到游客的追捧，也受到普通消费者的喜爱。这些以中国传统文化为设计基础的文化创意产品因此成为沟通传统与现代、维系外观和内涵的载体。

文化创意产品要实现文化内容的准确表达和传达，使消费者通过文化创意产品接收到准确的文化内容，得到文化体验，这是设计文化创意产品的基本要求。

一、什么是文化

在利用各种不同文化元素进行文化创意产品设计之前，我们还需要清楚文化的概念。

文化的概念到底是什么？

文化，是指天地万物信息的产生、融汇与渗透。文化是人类精神文明的保障和导向，是以精神文明为导向的各种信息的融汇与渗透。文化是一种社会现象，是人们经过长期创造而形成的产物。同时，文化又是一种历史现象，是社会历史的积淀。一般而言，文化是指凝结在物质之中又游离于物质之外的、能够被传承的、有关国家或民族的历史、风土人情、传统习俗、生活方式、价值观念、行为规范和文学艺术等；是能够被人们普遍认可与传承的意识形态。

由于不同的人从不同的角度出发可以对文化形成不同的阐述和理解，因此，每个人都有其关于文化的独特的观点与见解。统计发现，国内外学者对文化的定义多种多样。据英国文化史学者雷蒙·威廉斯考证：18世纪末以前，文化一词主要是指"自然成长的倾向"以及据此类比的关于人的培养过程；19世纪初，文化用来指"心灵的某种状态或习惯，且其与人类完善的思想具有密切的关系"；19世纪末，文化意指"一种物质上、知识上和精神上的整体生活方式"。

目前，人们基本能够达成共识的、最宽泛意义上的文化是指特定民族的生活方式。例如，著名人类学学者爱德华·伯内特·泰勒将文化定义为："文化或者文明就是由作为社会成员的人所获得的，包括知识、信念、艺术、道德法则、法律、风俗以及其他能力和习惯的复杂整体。在不同社会中的文化条件是一个适于对人类思想和活动法则进行研究的主题。"弗里德里希·恩格斯在《劳动在从猿到人转变过程中的作用》中指出："文化作为意识形态，借助于意识和语言而存在。文化是人类特有的现象和符号系统，文化就是人化、人的对象化和对象的人化，起源于人类劳动。"[1] 美国人类学家鲁思·本尼迪克特认为文化是"通过某个民族的活动表现出来的一种思维和行动方式，一种使这个民族不同于其他民族的方式"。

---

[1] 恩格斯. 劳动在从猿到人转变过程中的作用 [M]. 北京：人民出版社，1971.

　　国学大师梁漱溟给文化下的定义：所谓文化，不过是一个民族生活的种种方面。文化可以总结为三个方面：精神生活方面，如宗教、哲学、艺术等；社会生活方面，如社会组织、伦理习惯、政治制度、经济关系等；物质生活方面，如饮食起居等。[①]

　　学者杨宪邦给文化这样下定义：文化是一个社会历史范畴，是指人类创造社会历史的发展水平、程度和质量的状态。文化的主体是社会的人，客体是整个客观世界。所谓文化不是不受人的影响而自然形成的自然物，而是人在社会实践过程中认识、掌握和改造客观世界的一切物质活动和精神活动及其创造和保存的一切物质财富、精神和社会制度的发展水平、程度和质量的总和整体，它是一个有机的系统。

　　《辞海》是这样给文化下定义的：文化"从广义的角度来说，指人类社会的生存方式以及建立在此基础上的价值体系，是人类在社会历史发展过程中所创造的物质财富和精神财富的总和"。

　　关于文化的解释非常多，想要解释清楚文化，从200多种对文化的解读中找到准确的答案十分困难，所以，在本书中我们这样去理解文化：文化是一种成为习惯的精神价值和生活方式，它的最终成果是集体人格。

　　所以说，文化的内容遍布在我们的日常生活中，而文化创意产品就是让消费者在日常用品的使用过程中感受文化，感受不同的文化内容、文化元素。

二、文化的分类

　　文化的类别非常多，按照不同分类标准有不同的分类结果。

（一）第一种分类方法：雅文化与俗文化

　　有人认为：中国古代，琴棋书画，谓之雅；杂耍打斗，谓之俗。"雅"与"俗"是相对而言的，没有绝对的分界线。"雅"或"俗"本身是对文化现象品位的一种描述和判断，它以文化产品和文化行为的质量为中心，并不是对文化主体（精英或大众）的界定，不应该将二者轻易地等同或混淆。

　　有人认为，雅文化是由专门从事文化生产的知识分子在劳动群众创造的基础上实行再创造或最后成型而形成的文化财富，它基本上是以理性形态、社会意识形态和书面著作形式出现在社会上层的、格调较高的、加工较细的文化成果。它包括科学、技术、政治、法律、道德、文学、艺术、宗教、哲

---

① 马勇．梁漱溟文化理论研究 [M]．上海：上海人民出版社，1991：37．

学以及其他文化方面的理论观念和著作。俗文化是由普通群众在日常生活中创造、拥有和享用的比较粗糙的、比较直观的文化。

雅文化主要体现在以下几方面。①琴，中国最古老的乐器之一。士林聚首，抚琴吟咏，相互唱和，是一种高雅的精神享受。士人独居，读书作诗疲倦之时，抚琴静养，可以调节疲倦的身心。所以琴是一种学识、气质、品位的象征。②棋，指围棋，古代称为"弈"。历代名士多乐"棋"不疲，不少文人笔下都记载了玄机莫测、雅趣盎然的弈棋场面。③书，中国传统文化中的一朵奇葩，包括篆书、隶书、楷书、草书、行书等。历代专攻书法、卓然成家而名垂千古者不乏其人，如王羲之。但更普遍的是许多读书人常以书法自娱自乐，陶冶性情。④画，分为人物、山水、花鸟等类别。中国画重想象求神似，无论泼墨写意还是鉴赏品玩，都要求具有神韵与意境，这是画的大雅之所在，也是诗、书、画往往浑然一体的根本原因。⑤中药名称的雅文化：萝卜籽称莱菔子，来自《诗经》；蚯蚓，叫地龙；僵蚕，叫天虫；橘子皮，青的叫青皮，老的叫陈皮；益母草叫坤草；等等。⑥雅文化还包括歌舞、养花、品茗、收藏等。

俗文化主要体现在平民百姓对酒、玩鸟斗虫、赌博游艺等的偏爱。劳动之余，他们以此调节生活，寻找娱乐。①饮酒。这原是一种雅俗共享的娱乐，后更为俗化。感情相投的人聚在一起，一人有愁，壶酒相助，大家分忧；一人高兴，举杯相庆。聚饮中最热闹的是民间遇喜事、逢节日喝喜酒。形单影只时，自酌慢斟，让人世间的忧患和不平在酒中化为乌有。②玩麻将。麻将起源于古代博弈戏，清末发展成正宗的麻将。麻将因为具有很强的趣味性、娱乐性和益智性，所以深受人们的喜爱，流行广，影响大，自古以来就是中国最盛行的娱乐形式之一。但是，麻将又是一柄双刃剑，很容易玩物丧志。③俗文化还包括杂技、魔术、驯兽表演、口技、相声、木偶戏、套圈打弹、武术、荡秋千等，形式多样。俗文化以消遣和娱乐为主要功能，正是这种来自广大民众的"俗"，才使其比雅文化更具有鲜活力。

（二）第二种分类方法：器物文化、行为文化和观念文化

所谓器物文化，是指物质层面的文化，是人们在物质生活资料的生产过程中所创造的文化内容，包括衣、食、住、行等方面，如汉民族传统服饰（后文简称汉服）以及有着3000多年历史的中国传统拨弦乐器——古琴。

所谓行为文化，是指制度层面的文化，它反映在人与人之间的各种社会关系以及人的生活方式上，如传统节日中的各种习俗：过年守岁、贴春联，

端午节挂菖蒲、吃粽子，中秋节赏月、吃月饼，等等。

而观念文化则是指精神层面的文化，以价值观或者文化价值体系为中心，包括理论观念、文化理想、文学艺术、伦理道德等。例如安徽宏村的祠堂，祠堂本身作为建筑属于文物，但是其承载了诸多历史、人文和民俗等信息，所以它又包含观念文化。在很多祠堂的墙壁上往往挂有包括"家训""族规""家法"等内容的牌匾，其中包含以"忠信孝悌"为核心的中国传统伦理道德。除去其中的糟粕，还有诸多中华民族的传统美德，如敬长老、孝父母、友兄弟、尊师长等。

（三）第三种分类方法：饮食文化、服饰文化、建筑文化、地域文化等

1. 饮食文化

中华饮食文化博大精深、源远流长、极具特点。

首先，风味多样。我国一直就有"南米北面"的说法，口味上有"西酸东辣，南甜北咸"之分，主要包括巴蜀、齐鲁、淮扬、粤闽四大风味。

有着"民以食为天"观念的中国人，几乎每逢佳节便会展开一场南北食物派系之争，端午节争论应吃咸粽还是甜粽、肉粽还是豆花粽。到了中秋吃月饼，不但讨论吃咸还是吃甜，还要讨论五仁叉烧和白莲蛋黄哪个最美味。这从另外一个方面印证了中国饮食文化多样性的特点。

其次，不时不食。中国人善于根据时节变化搭配食物，也就是所谓的时令菜。除此之外，中国饮食文化还讲究食材与食具的搭配及和谐；还喜欢给食物取一些富有诗意的名字，如"炝炒凤尾""蚂蚁上树""狮子头""叫花鸡"等。

中国人表面上讲究吃，但是更注重的是蕴含在形式之下的认识事物、理解事物的哲理。比如，婴儿百日时要赠送亲朋好友红蛋表示祝福，"蛋"表示着生命的延续。

2. 服饰文化

衣、食、住、行是日常生活中最重要的四件事，衣排在首位，而最能代表中国传统服饰文化的就是汉服。孔颖达在《春秋左传正义》中说："中国有礼仪之大，故称夏；有服章之美，谓之华。"其中民族服饰也是隶属中华文化的一部分。随着社会的不断进步以及科学技术的快速发展，服饰文化正在向着

国际化和多元化的方向发展。

郭沫若曾说过这样一句话："衣裳是文化的表征，衣裳是思想的形象。"中国传统服饰历经几千年的积累和融合，不断丰富和发展，形成了中国服饰文化系统。

3. 建筑文化

中国传统建筑反映了中华民族的居住方式，有着自己独特的体系和特点，与欧洲建筑和伊斯兰建筑并列称为"世界三大建筑体系"。

中国最早的史前建筑诞生在距今约 1 万年的旧、新石器时代之交，在原始农业出现之际，因为有了定居的要求而出现。在之后的漫长发展历史过程中，中国传统文化中"天人合一"的思想对其产生了重要影响。

计成在《园冶》一书中提出了传统造园的基本原则："轩楹高爽，窗户虚邻；纳千顷之汪洋，收四时之烂漫。梧阴匝地，槐荫当庭；插柳沿堤，栽梅绕屋；结茅竹里，浚一派之长源；障锦山屏，列千寻之耸翠。虽由人作，宛自天开。"这基本原则强调的就是建筑和自然完全融合的一种状态。以苏州园林中常见的花窗为例，计成在书中把它称为漏砖墙。漏砖墙用于园林时会使墙面上产生虚实的变化，两侧相邻空间似隔非隔，景物若隐若现，富于层次。

再如徽州建筑，又称徽派建筑，是中国传统建筑最重要的流派之一。徽州建筑在选址上，村落一般依山傍水，住宅多面临街巷；在建筑的外部造型上，层层叠落的马头墙高出屋脊，有的中间高两头低，黑白分明，勾勒出民居墙头与天空的轮廓线，增加了空间的层次感和韵律美。

4. 地域文化

无论是月饼的南北之争，还是苏州园林和徽州古村落的对比，都与中国传统文化中的一个重要分类有关，那就是地域文化。地域文化是文化在一定的地域环境中与环境相融合后形成的一种独特的文化。

地域文化的差异促使我们在设计有地域属性的文化创意产品时，一定要先了解当地的文化，这样做出的设计才能被此区域的消费者认同，同时也被游客接受。

中国传统文化的内容如此丰富多彩，为我们提供了大量的文化元素进行创意设计。但是，只有不断地提升设计者自身的文化修养才能精确地解读它们，以准确的方式、恰当的载体进行表达和传达。

第三节　创新：文化创意产品的体现

文化创意产品是指具有文化内涵的创新性产品，其核心要义是对文化内容进行创新性转化。

产品创新既是文化创意产品设计的目的，又是设计的手段，在文化创意产品设计活动中处于核心地位。创新为文化创意产品设计注入了新的生命力，在市场竞争日趋激烈的今天，文化创意产品设计的创造力成为企业取得竞争优势的重要条件之一。创造思维是文化创意产品设计的重要组成部分，是研究文化创意产品设计创新、拓宽文化创意产品设计思路的重要突破领域。把握产品创意心理、突破文化创意产品设计思维对文化创意产品设计而言具有较为深远的意义和作用。

一、满足需求的创新

（一）满足行为水平的创新

美国认知心理学家唐纳德・A・诺曼先生将设计分为三类：本能层设计、行为层设计、反思层设计。前两种层面上的设计主要是针对工业产品设计而言的，"优秀的行为水平的文化创意产品设计应该是以人为中心的，把重点放在理解和满足使用产品的人的需要上"。当然，行为水平的文化创意产品设计主要是针对在操作过程中产品的功效性的，即操作的功能和操作效率。文化创意产品设计者应该清楚怎样才能达到预期目的。就行为满足而言，安全性是前提，实用性是基础。

1. 保障安全性的创新

安全性是操作的基础，文化创意产品设计的安全性是其经济性、可靠性、操作性和先进性的综合反映，是文化创意产品实现其经济战略的前提条件。文化创意产品如果存在安全隐患，就会直接危及产品的使用者，对人构成伤害或存在伤害可能的产品都是不符合设计原则的。

2. 兼顾实用性的创新

文化创意产品设计应当符合人类不同实际活动的需要，为人们提供舒适方便的使用环境，保证使用目的的实现，并且不会引起歧义。

文化创意产品设计应最大限度地满足不同层面使用者的共同要求，产品应该尽最大可能面向所有的使用者，而不该为一些特殊的情况做出较为勉强的迁就，这是文化创意产品设计的通用性。通用文化创意产品设计是一种包容性设计。

（二）技术进步与创新

技术进步是文化创意产品设计发展的前提和基础，就文化创意产品设计而言，科技的发展促使产品不断更新换代，改变了人们的审美观念，同时也极大地改变了文化创意产品的设计手段和设计程序，使设计观念发生革命性的转变。计算机的诞生标志着文化创意产品设计进入全新时代，并行的设计系统结构应运而生，文化创意产品设计、价值工程分析与制造的三位一体化，使文化创意产品设计者的道德意识、团队意识及知识结构都面临新的挑战。技术进步必然牵动产品设计的创新，其大致分为以下三种类型。

1. 全新产品

全新产品，又叫原创型文化创意产品。全新产品主要是针对文化创意产品设计概念的开发和技术研发的。这种文化创意产品设计与开发周期较长，承担的风险较大，但新产品研发的成功也会伴随巨大的经济效益而开辟出一个全新的市场领域。科技进步是促使新产品出现、老产品退出历史舞台的最终决定因素。

2. 改良产品

改良产品，也叫次生型文化创意产品创新，这是一种纵向发展模式，目的是使产品克服既存问题，趋于性能完整和完善。这种改良文化创意产品设计是建立在原有产品被受众认可的优良功能基础之上的，主要目的是解决用户反馈的问题。

3. 产品的联盟与合并

产品的联盟与合并是一种横向联合的过程，通过文化创意产品设计和制造系统的整合达到创建新产品的目的。经济的全球化必然带来企业生产和制造机制的改变以及效益、效率、市场份额在遍布全球的各分散点的合力。

（三）流行、从众与创新

流行是指一个时期内在社会上流传很广、盛行一时的大众心理现象和社会行为。流行现象是文化创意产品创意心理研究的重要内容之一。流行与市场及文化等紧密相连，成为文化创意产品设计者构思的必需渠道。

流行是多个社会成员对某一事物的崇尚和追求，所以流行具有群体性；但它是一种以个人方式展现的社会群体心理，因此也具有个体性。

新奇性是流行三大特征的首要特征，也是最显著、最核心的特征。文化创意产品设计者通过创造反映时代特色的新奇来满足人们的求异心理。

文化创意产品设计创作的出发点，是对受众求新、求异心理的捕捉。文化创意产品设计具有极强的社会属性，设计活动需要服从社会机制。流行的强烈的暗示性和感染性会将群体的引导性或压力施加在个人的观念与行为上，使个人向多数人的行为方向变化，从而产生相一致的消费倾向，这种从众心理带来的直接后果就是从众消费行为。

文化创意产品设计者应该具备获取并及时调整和引导流行诱因的能力，对公众的求异心理及行为倾向进行深度剖析，及时捕捉创新元素，并借助一定的传播媒介引导公众共同创造流行。

文化创意产品设计往往具有独特的情趣和审美倾向，有时甚至是诙谐、幽默的。也许这就是文化创意产品设计存在风格的本质条件，它深深地打上了文化创意产品设计者、设计环境、设计国度和特定地域的烙印。这种异己的特质有可能深深地打动观者，使之在情绪上做出反应。

二、文化情结与创新

创造在心理学中被视为一种思维活动，是对问题情境的思考萌生过程的阐释。创造离不开思维，离不开思维主体——人。创造与人的独立性息息相关，人的性格、智力、意志等都将深刻影响着人的创造机制。心理学的文化因素是人性特质形成和创造行为的决定因素之一。

文化创意产品设计本身就是一种文化，同时也创造着新的文化。文化创意产品设计者通过其自身的创造活动——文化创意产品设计，将文化特性具象化、实体化。文化是文化创意产品设计的灵魂，是文化创意产品设计的隐性语言之一，优秀的文化创意产品设计总是体现着文化精神，民族、地域的文化特色成为文化创意产品设计者创意的源泉。文化创意产品设计者所从事的文化创意产品设计行为是一种文化创造行为，文化与文化创意产品设计关系的紧密程度好像"根与植物"的关系。通常优秀的文化创意产品的设计作品不但具有简单明了的外在形式，而且一定蕴含着深层的文化内涵。

文化创意产品设计的实质是创造一种更健康、更崭新的生活方式，是一个将抽象概念转化为具象美感实物的过程。在理念物化的过程中，文化创意产品设计者的文化背景深刻地影响着文化创意产品设计行为，也直接影响到文化创意产品设计元素的组合架构。毋庸置疑，很多文化创意产品都是由于文化创意产品设计者的情感和灵魂被伟大的民族文化所深深吸引和震撼，进而将这种对文化的依附情感通过文化创意产品设计符号传达给最终的文化创意产品享用者的。文化承载着文化创意产品设计者的文化情结，并通过文化创意产品设计符号完成传递过程。中华民族特有的传统文化是我们开发现代文化和现代文化创意产品设计的巨大资源和宝贵财富。

文化创意产品设计者需要真正理解和消化特定地域的传统艺术，追根溯源地把握传统文化的精神内核，并将其融入我们的文化创意产品设计之中，在重新整合的基础上注入新的形态艺术元素，以创造出更具民族精神和美感的文化创意产品。一件产品的设计如果要更贴切地反映时代或引领时尚，必须以传统文化为源点，清晰了解其来龙去脉，并预测发展的动向。民族文化为文化创意产品设计提供丰富的源泉，从民族文化中撷取创意元素定会给用户带来意外的惊喜。

三、时尚心理与创新

时尚是与文化创意产品设计关系异常紧密的一种重要的社会心理现象。时尚是既定模式的模仿，它满足了社会调适的需要；它提供一种把个人行为变成样板的普遍性规则，但同时它又满足了对差异性、变化、个性化的要求。

结合阶层消费等方面的理论，我们将时尚产生的生理机制和社会心理机制归纳为以下三点。

第一，满足人们突破现有生活方式、社会角色的束缚，向较高阶层靠拢的需要。

第二，满足人们求变求异的心理需要。正如美国心理学家麦独孤在《社会心理学导论》中提出的"本能论"，他认为求知本能与好奇情绪都是人类的本能和基本情绪之一。

第三，就是前面所说的从众的需要，即一种害怕偏离的心理和对群体归属感的渴望。

个体的心理因素是导致时尚的不变因素，而时尚本身既是文化创意产品设计的社会环境因素，同时它自身也受到社会环境的影响和制约，因此它的形成本身就是社会环境对文化创意产品设计影响的体现。比如，人们渴望变化，但如何变化或者哪些变化能成为时尚有着鲜明的时代特征，受当时整体社会情境的影响和制约。社会情境包括了生产水平、经济、政治、外交、文化等多种因素。时尚形成具有显著的社会因素和时代特征，对中国人的时尚影响最大的因素有以下几个。

①文化因素。电影、电视对中国人的时尚具有非常重要的影响，此外还有参照群体，主要是影视明星、体育明星等。

②经济因素。生产水平提高，科技进步。

③其他因素。外来文化产生影响。

四、文化差异与创新

文化具有多样性、复杂性、发展性的特点。文化背景不同的人在接触时，能够清楚地发现彼此间的文化差异。

从消费者的角度出发，对于文化创意产品设计来讲，文化的意义在于文化创意产品在全部设计过程中涉及的"文化细节"，即视觉符号、环境、物品。文化定义了人，人与人之间的不同可从文化细节差异上呈现出来。也就是说，不同的人或群体可以通过环境、物品、符号这些人创造出来为自己服务的、各不相同的物来定义其不同于他人的特征。因此，人们在选择栖息环境、使用物品等时大多以自身文化背景为依据，选择与其文化背景相符的服务或物品。从文化创意产品的设计主体出发，对产品设计而言，文化的意义还在于帮助设计者对市场有精准的定位。文化创意产品的消费市场多样且广阔，消费者的文化背景复杂多元，不同的消费者有着不同的喜好和禁忌。不同的文化会使人形成不同的品位习惯，即使消费者需要的是具有相同性能要求的产品，但受不同文化背景的影响，其最终选择的产品在特征上依旧会有很大不同。设计者了解目标群体的文化背景，就能够对消费者的喜好有更明确的了解，对目标市场做出更精准的定位，从而设计出更受欢迎的文化创意产品，这就是文化的意义。

以文化差异为依据，可以将整个社会的人进行进一步的细分，细分为亚文化群体，处于相同亚文化背景中的人的行为方式、风俗习惯、种族起源等会更加接近。文化创意产品设计者围绕某一特定亚文化对特定群体开展调查，可以深入分析该亚文化群体成员的消费心理，有效预测其消费行为，进而为新产品的设计与新市场的开发提供重要支持。

文化创意产品设计者该如何针对不同文化背景的目标消费者进行有效的设计，将失误降到最低？可从以下几个方面入手。

第一，避免自我参照标准。

第二，在文化创意产品设计的前期准备中做一定的文化调研。

第三，认知、理解、接受和尊重不同文化之间的差异，不要试图将一种文化强行移植到另一种文化中。

第四，发挥文化的移情作用。

第四节　创意：文化创意产品的灵魂

如果说文化和创新是文化创意产品的心脏和形体，那么让文化创意产品能够真正"活"起来就得靠创意了。开发者的新点子、新思想、新观念就是创意。创意一旦产生，就必然对整个创新过程起到提领统摄作用。因此，文化创意业界有一种说法：创意是文化创意产品的灵魂。在以"内容为王"的时代，无论是电视影像这样的传统媒介产品，还是数码动漫等新兴产业，所有资本运作的基础就是优良的产品，而在竞争中脱颖而出的优良产品恰恰来源于人的丰富的创造力。因此文化创意产业其本质就是一种"创意经济"，其核心竞争力就是人自身的创造力。

一、创意是什么

如今，为什么男女老少都这么喜欢故宫博物院的文化创意产品呢？因为，故宫博物院的文化创意产品真正把创意融进了文化创意产品之中，而不仅仅是复制。故宫博物院有约 180 万件（套）文物藏品，其包含着大量的历史信息，都是工匠精神的体现，同时也是故宫博物院的文化创意产品的创意来源。故宫博物院的文化元素触手可及，但是如果没有好的创意，或者说对文化进行的重构和再造没能以一个好的想法、好的形式呈现，设计便失去了新意和吸引力。

创意究竟是什么？

创意是创新的思想、意识，创新是创意的结果。创意是人类思维活动的一种，常常表现为个体的"想法""点子"等。

个体的形象思维、系统思维、逻辑思维、直觉思维、模糊思维等多种认知方式共同作用产生的结果常常表现为个体的才华、技能和创造力，这个结果实质上就是创意。创意就是个体基于已有文化做出的新的创造，常常给人耳目一新之感。

实践层面的"创意"所涵盖的范围是比较广泛的，它包含了人类生活的物质的、精神的全部具有创造性的行为和意识。也可以说，人类生活在方方面面、每时每刻都存在着创意。

理论层面的"创意"所涵盖的范围是比较狭窄的，本书是从理论层面来阐述"创意"的。在理论意义上，尤其是在我国进入了文化创意历史新时期的当下，我们把创意界定为一种文化的、审美的创新和创造。

创意具有以下几个特点。

一是文化性。精神生活与物质生活几乎概括了人类生活的全部，这种有形与无形相结合的人类生活结构是构成人类历史进程的主要内容。人类历史进程体现了人类文化的发展，是人类文明的延续。为了使物质与精神两个层面的生活需求得到满足，从而更好地生存和发展，人类不断挑战和突破自身极限，克服种种自然困难，不断进步，在此过程中，人类前进的每一步都源于创新。

以饮食文化和服饰文化为例，就足以证明创新的文化属性。人类从生食到熟食的进化过程，甚至到今天的美食过程都是创意的结果。人类的服饰从树叶遮体到布衣，甚至到今天的时尚服饰，哪一步离开了创意呢？

创意的文化属性还表现在创意的本身是以文化为基础和参照系的，也就是说创意本身的手段和工具是文化的，是基于文化的思维，是以文化作为承载物的。

二是审美性。作为一种意识层面产生的行为，创意同样具有一定的审美功能。审美功能不仅存在于创意过程中，还存在于创意的结果里。在人类认识、了解世界的过程中，审美发挥了巨大的作用。审美功能是人类推理能力、认识能力、直觉、意向、评价等多项能力的一种综合，具有审美能力的人通常具有一定的逻辑性思维和较强的形象思维，审美是这两种思维必须具有的逻辑起点。

从创意的结果看，其评价体系的目的性也是审美的目的性。我们对一项创意的审视，必须用一个文化的、审美的价值去评判，才能有创意的创新性和进步性。

试想，我们的一个创意如果是落后的、没有审美价值的，那还有什么实际和实践意义呢？

三是抽象性。创意是一种超常规的思维活动，也就是一种不同凡俗的思想和思路的创新。例如，创意中要用逆向思维、发散思维、灵感思维等超出常规和常理的思维方式进行构思和整合，甚至有意识与潜意识的互相转化、灵感的突发等。这些都需要打破人们头脑中固有的思维定式和对司空见惯的事物的认识框架，需要我们在创意中进行抽象的创造。

四是再生性。创意的再生性是非常明显的，它的文化与审美，甚至是抽象的性质决定了它的再生性。也可以说创意的再生性是在传统的文化、审美基础上进行的再创造，使创意的结果具有创新性，这个结果就是再生的结果。

世界上所有的人类行为都有它的历史的和现实的生态系统，在此基础上的创意如果没有再生性，就是传统的文化堆积和现实的文化复制，而没有创新意义。

今天的对传统节日的庆祝如果没有现实意义的融合，那就没有质的变化，不仅失去了现实意义，还失去了传统文化对于现实的支撑和创新意义。

五是广泛性。从创意的主体来说，人类的所有成员都有创意，只要他生活着。从创意的领域看，人类所有的生活地域及行为都是创意的结果。且不说这些宏观的创意，单就当下的文化创意历史新时期来说，我国从事文化创意的产业大军是非常庞大的，这就决定了创意的广泛性。

但是，针对目前有些创意的实践，在理论上应该廓清以下一些概念。

一是创意与创新的概念。创意是人类的创新思维的一种能力的体现，它的意义是思想和意识或者理念的更新与创新，它是创新活动的逻辑基础和前提，也可以说它是创新的原点和最直接的要素；而创新是在创意的基础上有着更广泛的创造和更新，诸如技术层面和物质层面等的链接和延伸。

二是创意与策划的概念。策划是围绕某一特定的问题进行构思、设计、规划、论证等一系列的行为过程，它侧重逻辑思维和严谨性。一般来说，策划的集合性很强并有整合性。创意虽然也有集合性和整合性，但是它的侧重点在于创造出新的思想点和新的意义点，它更注重思维的创新和灵感的凸显。如此看来，创意注重的是各个意向间的关联和融合。创意与策划有区别又紧密相连，策划是由众多的创意组合而成的，而创意的独立性比较强，单元性比较强。好的创意是成功策划的基础；好的策划也使好的创意有了严谨的框架，并使其实现价值。

二、创意的意义

创意作为实现文化价值和产品价值的主导力量，其最大的意义在于对文化的转化。它将物质文化与非物质文化中的文化，或者是其他分类方式中不为人了解的文化以有趣的、消费者能够欣然接受的方式进行传达，使传统文化得到传承。不可否认的是，好的创意可以让文化传递，让传承的效率最大化，而差强人意的创意对传统文化的准确传达则值得商榷。

北京故宫博物院所藏北宋画家王希孟绘制的《千里江山图》，画面峰峦起伏、烟波浩渺、气象万千、壮丽恢宏，山河之美一览无余。这幅画是众多文化创意产品常用的文化元素，但是设计者的创意方式各不相同，文化创意产品的水平也有高下之分。例如，有应用刀模切割和四色热转印工艺，以天然橡胶和聚酯纤维防水面料为原材料将其制成桌垫的；也有参考《千里江山图》开发的木胎漆器迷你屏风摆件。在这两款文化创意产品中，《千里江山图》都是被纯粹地以复制原画画面的形式应用在产品之中。还有手表，设计者将《千里江山图》画卷的局部小景移入表盘，抬手间，目光所及之处便是旧时壮美河山，借由指针的游走告诉人们随着时间流逝，这幅画卷将定格为永恒。比起桌垫贴图式的运用，手表的创意算得上略胜一筹。此外，将《千里江山图》与苏绣结合，运用在团扇扇面上，产品的出彩之处不在于图案的选取，而在于纯手工的刺绣工艺。刺绣让每把团扇的扇面都成为独一无二的存在，当它们到达每个消费者的手中时，就有了"千人千面"的效果。当这样的团扇作为汉服饰品被消费者使用后，这幅定格的《千里江山图》就仿佛活了起来，又融入了当下的壮美河山中。

按照创意对文化的转化和传达的水平，可以将文化创意产品分为三个层次。

第一个层次，创意含量几乎为零的贴图法。这种方法通常是将原有的文化元素直接以图案、图形的形式附加在产品上。比如众多刻有各种图案的木质书签，其设计方式通常是简单地以书签式样的木片作为载体，使用机器雕刻出有着特定含义的中国传统图形，如梅兰竹菊、花窗、人物脸谱等。图案和木雕工艺的组合并没有产生 1+1>2 的效果，类似的图案运用在铜的材质上也并无不可。

第二个层次，符号"能指"的转化和延展，或将特色文化内涵外化。了解这一内容之前，我们先要了解"能指"与"所指"这对概念。符号是"能指"和"所指"的结合，所谓的"能指"就是表示者，"所指"就是被表示者。以巧克力为例，巧克力的形象是"能指"，爱情是其"所指"，两者结合就构成了表达爱情的巧克力符号。

在中国传统文化中，梅、兰、竹、菊等植物能代表一定的精神品质，古人所说的"宁可食无肉，不可居无竹"，也不是说竹子这种植物本身有多美，人们所喜爱的是竹的内涵，想要表达的是对竹子精神的喜爱，即自强不息、顶天立地的精神。所以当一些文化创意载体与特定文化符号巧妙地结合之后，其层次便比贴图法的文化创意产品的立意高出许多。

在众多文化创意商店中，我们经常能看见第一种层次的杯子，即在各种造型的杯身上绘制各种原汁原味的传统图案和图形。同样是杯子，苏州博物院的衡山杯便不是简单的图形的加载，它在杯底用衡山印章作为底款，有了"所指"，手起杯落间犹如在使用文徵明的衡山印章，让蕴含其内的文化得到了行为上的外化。

第三个层次，用一句话概括就是"只可意会，不可言传"。此类文化创意产品在于对意境的表达，将传统文化的意蕴、思想、观念等以无形的方式融入产品载体。在众多的文化创意产品中，有一类文化创意产品被称作"禅意文化创意"，与其关联的产品主要是抄经、茶道、香道、茶器、禅趣等。比如，洛可可的高山流水香台，以烟代水，一石知山，方寸之间容纳天地气象。

文化创意产品是创意作用的对象，创意也是文化创意产品的灵魂，文化以某一创意方式或形式加载于产品之中，与其融合为一体，成为特定文化内容主题的文化创意产品。当然，也要考虑市场因素、消费心理、需求趋势等方面的问题，这样才能保证特定文化创意产品满足细分市场的需求，实现经济效益最大化。

第二章　走进文化创意产品设计

第一节　文化创意产品设计的构成要素

文化创意设计的构成要素在文化创意设计中占据非常重要的位置。文化创意设计运用艺术符号表达内在含义，同时还根据整体设计需要对设计作品中的图形、色彩及文字进行处理，因为只有实现多种设计元素的有机融合，才能够使文化创意设计作品获得良好的设计效果。文化创意设计以设计为主，将艺术元素融入其中，且渗透着文化内容。在文化创意设计的过程中，设计者想要有效地表达出自己的主观思想，就需要关注色彩运用这一方面，并对图形与文字进行艺术化处理，以赋予文化创意设计作品超然的艺术表现力。图形、文字、色彩是文化创意设计过程中的主要元素，合理运用这些元素，可以有效传达相关的艺术信息。

一、图形要素

人的视觉具有很强的图形感知力。图形优于文字的关键之处，就在于图形具有一种独特的魅力，可以有效激发人的想象能力，且图形传递信息的速度快于文字的传递速度。站在文化创意产品设计的功用价值层面说，文化创意产品设计作品想要表现的主题思想，大众需要通过解读设计信息才可以理解。只有文化创意设计作品引起人众与文化创意产品设计者的情感共鸣，才可以被大众认同、接受。

华夏文明历经几千年发展，书法作品中的故事数不胜数，经典的故事被文人雅士记录下来，成为现代产品设计的创意源。怎样用一个故事来串联作品并凸显其灵魂，值得每个设计者思考。例如，设计者为赛车设计图腾时，从中国神话黄帝大战蚩尤中提炼设计元素——黄帝的守护兽形象，为了兼具现代感、东方色彩等特色，舍弃具象凤凰图案，而以象形文字"朱雀"代替，同时也考虑赛车疾驶的画面，将流线感加入设计之中。

（一）图形的含义

文化创意产品设计作品可以对受众产生较强的吸引力，其中，图形发挥了重要作用。图形可以表达出文化创意产品设计的意境。一个成功的文化创意产品设计作品会给人以良好的视觉效果，更为重要的是能够准确表达信息，或宣传，或劝说，其最终的目的是使受众接受信息。例如作品《楚纹今语——茶道》，其设计思想是"楚纹跨越千年，茶道今语瞬间"。漆器、楚纹、茶道是视觉和味觉的交响曲，更是城市人关于历史记忆的情感家园。该茶具系列文化创意产品设计通过对湖北省博物院极具代表性的战国彩绘描漆鸳鸯盒经典纹样进行创意元素提取，然后结合中国非物质文化遗产"万里茶路"项目制作而成，从点出发，应用楚纹样表达对当下城市的文化、历史、地理的解释，也是对当下城市生活及生活方式的描述。作品以楚纹样创意为核心，在强调楚纹样的同时也表现了传统木艺技术和漆器艺术的融合。

（二）图形的表现形式

文化创意产品设计中主要运用三种类型的图形，即依据设计需要经过变异的图形、结构不规则的图形以及结构规则的图形。依据设计需要经过变异的图形就是要突破传统固定的图形设计思维，在结构形式上不采用以常规手法构成的图形，这种图形设计形式受到了广泛的欢迎。[1] 结构不规则的图形与结构规则的图形存在着一定的互补性，两者之间并不是完全不同的。如果结构规则的图形需要以设计的需求为依据，进行不规则的设计，那么就会创造出比较生动、活泼的作品。通常情况下，结构规则图形会传递出一种比较严肃的感觉，一些结构规则图形具备极为丰富的象征意义，在文化创意产品的设计中，这些结构规则图形可促进作品更加直观地表现出其中的意义。

二、文字要素

在文化创意产品设计中，文字所发挥的作用是非常重要的。文化创意产品设计作品通过图画语言进行信息的传递，具有一定程度的抽象性。对图画语言不太了解的人，就很难精确理解文化创意产品的设计意义。

---

[1] 尹恒.图形创意在文化创意产品中的应用与创新研究[J].轻纺工业与技术，2021，50（4）：43-44.

（一）文案设计

对文字的有效运用就是把想要表达的设计主题与设计理念通过文字进行明确，把文化创意产品设计作品的目的传递出来。在文化创意产品设计作品中使用文字，可以对文化创意产品的设计进行深层解释。

近年来，北京故宫博物院推出了一系列令人惊喜的文化创意产品，使库房文物变身成为鲜活时尚。2014 年，在厦门开展的博物院及相关产品与技术博览会上，身着霸气龙袍的壮壮与头戴凤冠、雍容华贵的美美成了一对万众瞩目的小明星。壮壮与美美是北京故宫博物院为庆祝成立 90 周年而设计推出的吉祥物，是一对使用 3D 打印技术制作而成的卡通龙凤造型玩偶。"壮"可以表现出龙具有的强大力量，可以表现出紫禁城皇家建筑群的壮观与震撼；凤可以体现出中国悠久的传统文化；"美"可以表现出故宫博物院收藏的 180 多万件（套）古代艺术珍品的传统美学意义。除了壮壮与美美，还有很多故宫博物院文化创意系列的产品受到人们的热烈欢迎，北京故宫博物院在文化创意中表现出来的"萌趣味"与"萌态度"得到了市场的热烈回应。这些文化创意产品具有比较强的实用性，其外表又非常可爱、小巧，不管在实体店还是在电商售卖中，都获得了非常优秀的销售业绩。曾任北京故宫博物院院长的单霁翔介绍，通过致力新媒体技术应用的开发，北京故宫博物院现已自主研制并推出了多款具有教育功用的手机应用软件，其中，《皇帝的一天》专为孩子们打造，采用有趣的交互式地图，极具趣味性地还原了紫禁城的生活场景。通过这些创意十足的手机应用软件，用户只需滑动手指、触摸屏幕，就可以近距离、全方位地领略古老紫禁城的魅力。

（二）文字设计

文字在文化创意产品设计作品中占据着重要的位置，在传递设计作品信息方面发挥了非常重要的作用。文化创意产品设计者想要把文字作为设计内容，就需要对文字的属性进行了解与掌握，合理利用文字的属性，如文字的字体、字号、排列方式等，这些因素的变化可以产生不同的审美效果。不同的文字造型设计对人的情感也会产生一定程度的影响。把文字作为设计元素，以样式不同的、流动的线条表示，不仅与文字的运用规律相吻合，还可以对文化创意产品设计作品的内在含义进行精确的表达。

书法是中国文化特有的宝藏，虽然一般用毛笔书写，但因书写者的力道、笔触，甚至是个性和心情的不同，一样的毛笔能变化出千百种字体，有的娟秀，有的苍劲，从字体中就能窥视书写者的人格特质。① 宋朝的文人皇帝宋徽宗就是一例，他自创的瘦金体展现了他宁为玉碎、追求完美的艺术性格。

现在，书法也被运用在餐具上，例如设计者钟雅涵设计的一套西方餐具，借由书法笔画与不锈钢材质的结合，展现刚柔并济的美学，利落的线条简约耐看，在握柄处不仅呼应书法收笔的笔触，稍具厚度的手柄也在贴近使用者的施力习惯。这套西方餐具糅合了东方线条，选用耐用的不锈钢及轻便的聚甲醛作为材料，在餐桌上以艺术品之姿融入人们的饮食生活中，创造出中西合璧的飨宴氛围。

三、色彩要素

在文化创意设计中，色彩对人的视觉具有很强的冲击力。当人们接触文化创意设计作品的时候，首先会对色彩进行感知，识别出色彩的设计表现力。色彩可以给人不同的感觉，刺激人的情感。文化创意设计作品主要利用色彩对其内涵进行表现，而作品的创意也需要通过色彩表现出来。因此，一个成功的文化创意设计作品，需要对色彩进行有效应用。站在自然科学的层面说，色彩是一种物理现象，色彩之所以可以影响人的情感，并不是因为色彩本身具有灵魂，而是由于色彩可以刺激人的视觉，提高人的想象能力，激发出人的主观思想，再加上情境的熏陶与渲染，那么色彩就可以对人的情感进行调动。实际上，色彩对人的情感影响与人的心理具有直接的联系。心理学研究人员已经针对相关的问题展开研究活动，整理出色彩的象征意义。

（一）色彩的作用

色彩是构成设计能力的要素之一，先进的色彩运用可以让设计能力飞跃提升，是一种隐形的竞争力。如今，色彩的作用日益显现，我们已经迈入以色彩取胜的时代。许多大型企业有专业的色彩设计者，有专门的团队调查并企划色彩。伴随着经济全球化的趋势，全世界已经发出对顶尖设计人才的强烈呼唤。我们需要的不是普通的设计能力，而是以数字色彩为基础的顶尖设计能力，拥有顶尖设计能力的人将抢占文化创意产业发展的先机。以往的色彩体系都是依靠感觉来配色的，所以有很多问题不能解决。看上去很有逻辑的色彩样品，有些并不具备科学理论的支撑。如今，我们终于从依赖感觉配

---

① 刘美松 . 以文字探寻中国文化创意方法论 [J]. 中华手工，2020（6）：120-123.

色的时代迈入了依靠科学做出配色效果的时代，这一时代使用的正是数字色彩。虽然配色不能解决文化创意设计中所有的问题，但是使用数字色彩中的色彩形象图表可以满足文化创意设计中大部分的需求。现在，平面设计者、印刷工作人员等可以运用 1677 种潘通（PANTONE）专色，这些色彩均使用特殊配方，可使用统一的油墨层厚度印刷，在印刷机上可实现轻松配色。

（二）色彩的情感表达

当一个人接触如蓝色、绿色等冷色调的时候，大脑中就会浮现出大海、森林等事物，会产生一种清凉之感；当一个人接触如橙黄色、红色等暖色调的时候，视觉神经就会受到色彩的刺激，大脑中就会出现太阳、火焰等事物，在主观上产生一种温暖的感觉。文化创意设计者需要了解每一种颜色产生的效果以及对人的视觉带来的冲击，从人对色彩的主观思想的层面出发，选择合适的色彩，以使人们可以精确理解文化创意设计作品想要表达的含义。例如制冷家用电器的商标设计，以冷色调作为色彩的主要基调，使人在看到商标之后，就可以对这一品牌的性质进行定位，如海尔电器主营空调与冰箱，这一品牌的商标就使用了这一设计方法。又比如人们非常熟悉的可口可乐的经典图标，这个图标以红色作为色彩的基调，这是因为红色可以给人一种热情的感觉，似乎喝了可乐就可以充满活力、激情四射。

电影、游戏、动漫的世界五彩斑斓，但是人们仅关注其剧情，并不会意识到其中色彩的特点。即便如此，色彩仍会对人的心灵产生影响，这种影响是潜在的，是一种打动人心的力量。期待带来的兴奋，害怕失败带来的忐忑，要表现这些，需要经过精心设计，色彩在诱导表现的过程中功不可没。色彩的作用与效果如表 2-1 所示。数字色彩使用案例——宫崎骏的《起风了》就使用了色彩表现人物的形象。

表 2-1 色彩的作用与效果

色彩	刺激大脑分泌的主要激素	刺激部位	作用	寓意或效果
红色	肾上腺素	循环系统	促进血液循环	兴奋、热情
橙色	胰岛素	自律神经	拒绝酒精	促进健康
橙黄色	饥饿激素	自律神经	增进食欲	有食欲、有活力
黄色	内啡肽	自律神经	让人笑、镇痛	明朗
黄绿色	生长激素	自律神经	促进成长	成长
绿色	乙酰胆碱	垂体	消除压力	安心
蓝色	血清素	下丘脑	生成血液	安心、精神集中
蓝紫色	食欲抑制激素	自律神经	抑制食欲	精神集中、安定
紫色	去甲肾上腺素	丘脑	发出危险警报	恐怖、不悦
粉红色	雌激素	脑下垂体	血液流畅	快活、有朝气
白色	多种激素	下丘脑	使肌肉紧张	有上进心
黑色	无	无影响	无	心理上的安定

色彩生理学是一门跨学科并具有科学依据的学科。许多电影场景配色优美，赏心悦目，可以治愈人心，在影片剧情达到高潮时，会令观众握紧双手、兴奋地观看，这就是色彩心理学成功运用的例子。值得注意的是，色彩的寓意并不是一成不变的，在不同的文化领域中，色彩的内在含义也会有所不同。文化创意产品设计者在创作作品的时候，要充分考虑设计主题及受众群体的特殊性，在设计中正确选择色彩，避免让受众对所传达的信息有误解。在文化创意产品设计中，色彩所发挥的是服务性作用，它可以使文化创意产品设计的主题准确地表达出来。

2018 年火遍全球的"故宫口红"，是润百颜与故宫首次深度合作推出的美妆产品。该套口红共 6 款，口红膏体颜色均来自故宫博物院馆藏的红色国宝器物，口红管外观设计则是从清宫后妃服饰上汲取灵感，不同的外观设计对应不同膏体颜色的口红。

总而言之，随着科技的快速发展，文化创意设计的视觉传媒作用不断显现出来，不再被图像的视觉表达所限制。文化创意设计者的设计作品要合理利用色彩元素、文字元素、图形元素，具备一定的时代特点，要与时代的需求相吻合，才能被大众所接受，创造出优秀的文化创意设计作品。

第二节　文化创意产品设计的表达类型

一、体验表达

文化创意产品除了具有有形的价值以外，还具有无形的体验价值。文化创意产品就像一幅油画一样，不仅可以让观者在视觉方面产生愉悦，还能使观者获得某种审美体验。因为每个人的经历不同，所以获得的心理感受也不同，这就表现出文化创意产品的不确定性与潜在性的特点，正是这两种特点为文化创意产品增添了一种别样的魅力。

体验一词，用英文表示为"Experience"，指出于好奇体验事物，感悟人生，并留下了较为深刻的印象。这种心理体验可以使我们感受到现实中的真实，并在大脑中浮现出相关影像，使我们回忆起深刻的生命瞬间，进而对未来产生一些感悟。具体到文化创意产品中，就是指用户在使用产品过程中建立起来的纯主观的体验，主要表现在以下四个方面。

第一，视觉冲击。视觉冲击是激发文化创意产品体验要素的第一阶段，现如今，设计对科学、抽象、逻辑的造型叙事表达较为重视，却忽略了通过视觉冲击来刺激大脑皮层，从而引发联想，产生相关的体验。

第二，内容切合。文化创意产品所附加的文化性内容，利用叙事性的设计手法，在产品的"移情"中得以实现，达到"抒情的创造和写意的表达"。同时，所附加的文化需要与产品的功能、使用环境的文脉相切合，以便体验可以得到顺利的展开。

第三，功能自然。对于自然物来说，功能是天生就具备的如水的功能，在于其液态的天然属性与本质的流动性；树叶的功能在于其具有叶绿素从而可以进行光合作用。而文化创意产品的功能是一种师法自然，以人在自然界中天然的"人—物"关系为基点来展开文化的衔接和形式的生成。例如，在自然界中，人有坐的需求，所对应的产品有千差万别的坐具，如沙发、椅子等，但不管是哪种坐具，都需要考虑到人自然放松坐的状态，从而展示出自然坐的体验。

第四，方式合理。文化创意产品的使用方式是使用者与产品之间沟通的纽带，方式合理主要表现在要使人们明白对文化创意产品进行解读与欣赏的操作，要与习惯性认识形成一种文脉联系，引起人们对过去美好经历的回忆。

二、符号表达

象征是一种借助某种具体事物表达某种抽象概念或者思想感情的人类特有行为，其所具备的象征意义往往需要通过象征符号来表达。创造符号是一种产生于人类发展进程中的表现文化，这是动物所没有的，对此，卡西尔认为："人是符号的动物。"自大众广播时代起，人类就依托着先进的传播技术及相关产业化手段，利用广播、电视、报纸、网络等现代大众媒介开展各类信息传播活动，并不断扩大信息传播范围，使象征性符号跟随着现代大众媒介进入人们的生活。

随着现代传媒对人类社会生活影响程度的逐渐加深，设计者在设计产品时，揣摩和研究的重心逐渐从产品自身性能、操作等方面转移到产品的符号意义上，而文化创意产品所获得的文化属性，也正是因为这类产品能够通过产品造型向人们传递其所具有的文化内涵，由此，文化创意产品是传达创造符号文化的一种载体。

人与人之间的交流可以通过手势、眼神、语言等完成，物与人之间的沟通是通过符号产生的。人们在创造产品的时候，也赋予了它一定的形态，而形态可以展示出一定的性格，就像赋予了它相应的生命力。人们在使用产品的过程之中，会获得各种信息，产生一些生理的反应与比较直观的心理感受。而文化创意产品则是通过某种创意方法，以其自身的形态与使用情境向人们传递某种文化。一般来说，文化创意产品具备的符号文化意义主要可分为以下三种。

第一，对历史文化、流行文化以及其他特定文化做出的符号表达。从文化表达的角度看，文化创意产品能够在一定程度上对人的思想感情产生影响，给人一定的情感体验，或者向人们展示某种意识形态、仪式文化、特色风俗等，向人们传达某种特定的文化意义、历史意义。文化创意产品的内涵通过标志、吉祥物、图腾、特定图案等组合表现出来。

第二，对消费者自身文化符号认同的表达。从文化认同的角度看，文化符号认同可以通过消费者自身的思想水平、生活品位、艺术鉴赏能力体现出来，与消费者自身的学识修养和品鉴水平息息相关。文化创意产品与使用环境的相互作用会产生某种特定含义，这种特定含义与消费者的流行时尚观念、社会价值观相符，能够满足其对某种固定印象的需求。

第三，对流行审美文化的符号表达。从审美表达的角度看，文化创意产品的造型总能使一些消费者获得一定的感性认识，进而产生相应的情感体验。消费者对产品的感觉与情绪体验总会跟随社会文化风向的变化做出相应改变，同一时期、同一地区的人对稳重、高科技感、轻巧、圆润、高雅、活泼等流行审美文化的认识与理解总是相同的。

三、审美表达

"美"可能指个人趣味的偏好或一种赞赏心态的流露，也可能是一种生理的满足或者感官上的愉悦。而文化创意产品的审美更侧重于前者，指人们物质生活达到一定水平之后，人类有意识、有目的地对"真、善、美"的追求。这种追求是以"感性"为中介，摆脱了那种基于物质与利害关系的理性判断，进而回归关于生命价值与生活意义的自我意识的彰显。文化创意产品的审美要素主要包含以下三个方面。

第一，功能材料美。文化创意产品的审美离不开功能材料的合目的性，诚如罗兰·巴特评价埃菲尔铁塔的功能与材料时说道："功能美不存在于对一种功能良好结果的感受之中，而存在于产生结果之前的某一时刻被我们所领会的功能本身的表现之中，领会一部机器或一种建筑的功能美，便是使时间暂时停止和延迟使用。"文化创意产品的功能材料美是产品给人的舒适感和心理满足，这里的功能材料美是与产品的功能实用性等物质层面相区别的，是一种审美价值的表现。[①]

第二，形式艺术美。文化创意产品的审美离不开感性因素，由线、点、色彩、体等构成了文化创意产品的形式，这些形式构成关系的艺术性可以与观者内心深处的韵律、节奏、对称、尺度、对比、均衡、变化、协调、比例、统一等构成一种同构关系，这种直观感受与内心情感的同构产生移情，进而与消费者的审美理想与趣味相融合。

第三，文化生态美。文化生态美不仅表现出人与自然之间的和谐关系，更表现着生活方式与社会生活的系统与脉络。文化创意产品的文化生态美主要植根于人们对于传统的一种向往。比如，工业社会给人们带来的效率、高速以及身心的疲倦，使人们希望能够回归传统田园牧歌的生活，在审美的状态中回归人类的精神家园。

---

① 聂阳. 传统文化在现代文化创意产品设计中的表达 [J]. 世界林业研究, 2020, 33（3）: 123.

第三节　文化创意产品的设计方法与原则

一、文化创意产品的设计方法

（一）以功能为主的设计

一般情况下，一件产品有多重功能，并不仅仅只具备一种功能。它可能同时具备多种不同的使用功能，以及一定程度的审美功能。在产品设计的过程中，最关键的部分就在于对产品功能以及这些功能之间的关系的安排。实用性设计指的就是以实用功能为主要功能的设计。

包豪斯在一百多年前就提出了实用主义与功能主义，以满足生活与大工业生产的需求。产品是否可以作为人们为达成某种目的的工具就是产品实用功能的主要体现方式，如手机是远程交流的工具，电动车是人们的代步工具，等等。一般来说，除了一部分以工业化手段批量生产的、纯粹为满足审美的工艺品外，所有工业化批量生产的产品都在一定程度上具备实用功能，这也是产品的一项基本属性。

在文化创意产品设计载体的选择方面，设计者为了吸引消费者的目光，通常情况下会选择一些人们生活中较为常见的物品，通过自己的精心设计，使这些物品成为具有一定文化意义的文化创意产品。设计者采用造型、提取文物表面色彩与肌理、仿生等方法，与产品的实用功能相结合，把提取的文化元素具象转化，设计出相应的生活产品。

（二）突出趣味性的设计

唐纳德·A·诺曼在所编撰的《情感化设计》这本书中认为，人们在愉悦、乐趣与美感的共同作用之下，可以产生一些积极快乐的情绪与体验。这种情绪与体验可以减轻人们生活中的压力，刺激人们的求知欲，提高人们的学习能力。[1] 当前市场上有很多以娱乐为目的的体验性产品，有时候"好玩""有趣"就可以成为人们购买产品的推动力，这就体现出人们在如今快

---

[1] 诺曼.情感化设计 [M].付秋芳，程进三，译.北京：电子工业出版社，2005：44-47.

节奏的生活下对心灵释放的追求与渴望。在更多的时候，文化创意产品中的趣味设计是相互包容的，其致力为消费者带来比较全面的体验与感受，从造型至功能再到人机的互动与文化方面，不断地向前发展，把趣味设计提升到一个新的层面。因为人与人之间的性别、年龄、社会经历、知识水平存在差异，加上每个人对趣味理解的方式也不同，有的侧重视觉感官带给人们的最直观、最直接的感受，有的关注功能方面的趣味性，有的偏重产品自身品质给予使用者的真实体验，① 所以，在对趣味性进行设计时，需要考虑人们的不同需求，以及影响趣味性的因素，使用趣味性的设计方法，以提升各层面的趣味性，带给人们独特的趣味感受。

1.趣味设计因素

根据不同人群需求，趣味设计可着重考虑以下因素。

（1）年龄。站在年龄这一层面上讲，不同的年龄阶段有着不同的趣味需求，面对趣味性，儿童与青少年更注重产品的外形颜色，而中老年人更侧重于产品本身带来的趣味体验。

（2）性别。站在性别这一层面上讲，男性更加喜欢便捷、简单、明快的，而女性更多喜欢温和的。

（3）消费能力。站在消费者自身消费能力的层面上讲，日常生活用品中的趣味性设计需要在简单的产品功能设计中加入人们情感层面的关怀，而不是价位越高趣味性就越高。日常生活产品的趣味性设计，需要关注于人们的情感，坚持以人为本的理念，不仅要从趣味的表层含义去体会产品的趣味性，还要积极拓展产品趣味设计的广度与深度。富有趣味性的设计为产品注入了活力与情感，使其具有一定的亲和力，因此，我们要积极地在人机互动中、产品的功能与形态中、文化内涵中融入相关的设计理念与设计要素，创造出可以感动人心的产品。

2.趣味设计方法

从日常生活用品的造型、材质、色彩等趣味到功能的趣味，从人机互动的趣味到产品的综合趣味，其产品趣味体现出完整的设计方法。日常生活用品趣味性设计方法应从造型层面、功能层面、人机互动层面、综合层面着手。

---

① 刘贻琪.解析文化创意产品的设计方法 [J].西部皮革，2020，42（13）：41.

坚持以人为本的设计理念，就是以广泛的情感设计、体验设计等为理论基础。总的来说，日常生活用品的趣味性设计需要遵循从基础外形到附加内涵的设计原则，也就是设计过程应从产品造型到产品功能再到情感层面。产品趣味性设计的核心就在于以人为本的设计理念，这种理念建立在体验人性化设计等丰富理论之上，要求人们侧重物品以外更为深入的情感心理方面的需求。

日常生活中的产品只是设计研究中的一个载体，通过其研究理论开展对实践设计的有效指导。雷蒙德·罗维认为，面对一种强烈的视觉震撼力，即便是匆匆一瞥，也可以留下非常深刻的印象，但是我们更应该关注人们心中的体验与感受。由此可知，在设计产品的过程中，应该侧重产品深层次的趣味在人们心理精神方面的体验。

（三）演绎故事性的设计

故事性设计常用"讲故事"的方法来体现文化创意产品的文化内涵特征，让消费者产生心灵的共鸣，是文化创意产品设计中较为常用的设计方法之一。要讲好产品设计中的故事，需要发现产品中的笑点、萌点、科技点等，通过一定的"梗"和受众进行沟通。

故事性设计，需要对产品的文化背景进行充分的挖掘，可以是非遗文化、特殊的产地、优良工艺、严格的制造过程、历史溯源等，也可以是设计者或非遗手工艺者的独特情怀。同时，也可以诉说关于产品的故事，并且告诉受众这些产品有趣、重要的一面。讲故事的文案架构必须合乎逻辑，有着开头、中间和结尾。描述一项商品及其效益，根据文化的重要性来安排文案中故事的先后，把最重要的文化特征放在标题上，在阅读文案的过程中，带领读者从最重要的文化特色逐步走向比较次要的文化特色。

（四）融入情境性的设计

与实用性设计方法相比，情境性设计方法在实用性的基础之上，更重视塑造产品的精神意境。这一类型的产品在不被使用之时可以作为一种工艺品，具有一定的观赏性，当用户在使用这一类型的产品之时，产品的意义就会通过用户的使用方式对其进行渗透。花道、香道、茶道等就是这类产品中具有代表性的产品。

场景指的是产品与用户进行交互时，由产品、用户、环境这三个因素构成的集成体系。场景研究指的是通过人与产品、情境、环境之间的关系，对未来产品的使用进行的研究。在产品的设计过程中，找到场景的三个因素之间的平衡点，设计出可以满足用户需求的产品，以提供给用户较为舒适的使用体验，是场景研究的目的所在。

1. 从现场观察中理解用户

用户行为存在一定的特殊性，其背后的因素是复杂的。仅仅通过调查问卷这一种形式，难以获取用户行为真正的目的、动机、情感。只有亲自体验用户的使用过程，才可能真正理解用户，掌握用户的需求，认识用户行为的根本目的。所以，在新产品的开发过程之中，可以使用多种研究方法，如信息收集、调查用户、场景仿真、场景记录等。

2. 从场景中挖掘需求

一般情况下，设计者会认为只有在产品的使用过程之中，用户与产品之间才会产生关系。这种认识并不完善，因为用户在开始接触甚至还没有使用这一产品时，就已经与该产品产生情感共鸣，并建立了信任。我们希望在场景中认识到存在于用户态度、习惯之中的潜在需要。由于产品会为用户创建习惯、行为与需求，因此，可以通过场景的设置对用户的日常细节进行描述，有助于设计者及时抓住用户的情绪变化，在与用户交流时选择合适的态度。所要求的信息与功能可以使设计者找到用户与产品之间可能存在的交互点，进而对用户与产品的关系进行合理定义，并把产品融入用户的生活之中。除此之外，设置场景这一方法还可以使设计者在设计新的产品时，有效规避因设计经验不足带来的设计不完整的问题，也可以避免在考虑不充分的情况下为用户带来的其他问题。

3. 提炼核心需求定义产品

当完成以上步骤之后，就需要对搜集的用户需求与意图进行提炼、归纳。用户喜欢选择产品的某一种特定属性来满足自身的喜好，但设计者认为大众消费品必须可以满足大多数人的需求，更具体的需求只能满足小众群体，因此，设计者需要对细节进行升华，找到背后深层次的原因。通过一种或者多种表达的方式去满足用户多样化的需求，制作出最佳方案，以满足用户的核心需求，完成产品设计的定义。

4. 在场景中对产品进行测试与验证

在完成产品的设计定义之后，相关的设计人员需要对该定义进行检验，然后使用关键路径场景方法。关键路径脚本是一个虚构的场景，通过设计场景，目标用户能够对产品设计的重要功能进行体验，然后对用户的行为进行猜测，以此对设计假设的合理性进行验证。这种方法可以在设计假设的起始阶段，用低成本去消除一些不可能的需求，进而促进设计者效率的提升，这是关键路径场景方法的一个突出优点。① 除此之外，设计者能够在脚本中想到更多种可能性，提升设计的完成度。

（五）应用高科技的设计

科学技术的发展速度极快，超乎我们的想象，虽然人们在生活中并不能接触到最新科技，但是创造性形式的产生通常伴随着科技的应用、推广与发展进步。近几年，全息影像逐渐普及，人们甚至使用简易的装置就可以达到全息影像的效果，但没有被用于文化创意产品的设计中；"AR"和"VR"，即增强现实技术与虚拟现实技术，正在不断渗入人们的生活当中，利用"AR"与"VR"技术可以强化产品的叙述性特点；更进一步发展出的 7D 技术通过传感、光感、震动和摇晃使用加上五维度场景的包揽，完全模拟真实场景，能让人仿佛身临其境。截止到今天，"7D"技术仅仅在大型体验馆或者博物院中得到了使用，如果日后设计者在文化创意产业中引进"7D"技术，肯定可以突破空间与时间的界限，让人们真实体验到文化的历史和沉淀。设计者要积极了解、认识现今科技发展与应用的程度，利用科技，设计出与时代相吻合的产品。

二、文化创意产品的设计原则

（一）以市场为导向的原则

市场导向原则强调要以市场需求为出发点，开发出市场需要的产品，而不是有什么样的想法就去生产什么样的产品。当然，在设计文化创意产品的时候，应该以辩证的眼光去看待文化内涵与市场导向，设计出可以满足市场需求并具有一定文化内涵的文化创意产品。

20 世纪 50 年代以来，西方发达国家随着买方市场的出现而产生现代经营思想。经过数十年来的更新和迭代，该理念已成为当代市场营销学的主

---

① 陈墨，余隋怀，王伟伟，等．文化创意产品的设计方法与路径 [J]．包装工程，2019，40（24）：1-10．

线。该理念认为，客户或消费者需要什么产品，企业就生产什么产品，销售
什么产品。在这种理念的指导下，企业的出发点不是以现有产品去寻找、吸
引客户或消费者，而是从市场的需求出发，规划产品的生产和销售。企业的
主要目标不是单纯追求销售量的短期增长，而是把眼光放在长远地占有市场
份额上。在这种理念的指导下，企业非常关注对市场的调查与研究，想要在
消费需求的变化中，找出那些还具有发展潜力的市场空间，通过产品的研
发、渠道、价格、促销等方面的策略，去满足消费者的需求。企业要在需求
的不断满足中去拓展市场的销售份额，这样才可以获取长期且丰厚的利益。

在市场经济机制的调节之下，文化创意产品的供给与需求通过市场这一
环节被联系起来，共处于市场这一系统之中。它们的变化、发展以及经济联
系是经济活动的主要内容，它们之间的矛盾运动对文化创意活动的发展具有
重要的推动作用。只有通过市场运作，才可以协调、缓和、解决供求矛盾，
维持供求结构的平衡。供求平衡就是产品结构的平衡，只有文化创意产品结
构实现平衡发展，那么文化创意产业才可以有序、健康地发展。

文化创意市场处于不断发展变化之中，竞争对手的战略不断改变，消
费者的需求不断更新，文化创意相关的政策法律也在不断调整、完善之中，
这些因素的改变影响着文化创意企业的内外环境。一个文化创意企业是否
可以在竞争中生存下来，关键之处就在于这个文化创意企业是否可以适应
文化创意市场的变化以及其适应的程度。所以，文化创意企业要制订适合
自己的市场营销战略，坚持以市场为导向，合理地配置资源，取长补短，
有针对性地开展市场营销活动，以保证实现企业的经营目标。市场营销的
战略是文化创意企业市场营销的重要根据，对文化创意企业今后的发展目
标具有重大的影响。所以，市场营销战略的正确与否影响着文化创意企业
的兴衰。假若一个文化创意企业的市场营销战略是错误的，那么不管这个
文化创意企业的销售队伍多么厉害，具体方案做得多么全面与细致，都会
在激烈的市场竞争之中失去优势，甚至被对手打败，这对企业的生存与发
展将产生极大的威胁。

（二）突出差异的创新原则

实际上，差异化设计就是一种创新设计，要想使自己的作品具有差异
化的特点，就需要我们站在不同的角度进行分析，深入思考，加强判断。面
对客观存在的不同消费群体，运用目标市场定位策略，依据消费者的特征与
不同产品的特点，选择不同的设计创新方式。通过市场调研分析，划分出不

同的消费群体，进而划分出产品的品类，是产品创新的重要方式。以消费者行为的差异性与市场需求的多样性，把潜在顾客与整体顾客，即整体市场分为多个具有某一种相似特点的顾客群体，以选择出合适的设计方法或设计策略。定位分类的方法可以从以下几个方面出发。

1.地域创新

地域文化存在于特定的地域生活环境之中，有着长久的积累和深厚的精神基础，依据不同地域环境的变化情况并结合设计方法，将地域特色的文化融入产品设计，使产品具有地域性特征。文化创意产品设计凝聚各地的地域文化，在传播和商品设计中保持地域文化特色，是实现文化创意产品差异创新的方向之一。

2.产品品类创新

产品品类创新指的是为了满足顾客的价值追求与不同需要，设计出多种不同风格、特色、质量、规格的同类产品，避免产品"同质化"。① 在实现文化创意产品品类创新的时候，应该注意以产品的品牌化与系列化为导向，统一规范整体形象，更加明确设计的个性与主题。

3.消费群体差异化创新

消费群体差异化创新指的是以不同的消费群体的消费心理与消费需求为依据，走差异化路线，掌握消费群体的差异性，然后进行设计。对消费群体进行较为细致的划分，有利于对产品开发品类的细分，进而实现产品的个性化与多样化。

4.消费手段差异化创新

消费手段的差异化指的是通过营销方式的差异化，不断地对营销方式进行更新，把亮点与新意展示给消费者，激起消费者的购买欲望。

近几年，随着"互联网＋"模式的出现，这种创新模式也被带入文化创意产业中。例如，故宫博物院的淘宝店、手机 App 等都是通过互联网被传递给大众的。文化不再是以传统的方式去要求人们进行感受，而是通过与时

---

① 丘庭媚.论壮族民间传说在现代文化创意产品设计中的运用原则[J].工业设计，2020（11）：143-144.

代潮流相符合的方式渗入人们的生活之中。想要打破同质化的现象，就需要进行创新，采用材料的创新、造型的创新、展现形式的创新、工艺的创新等一系列的创新方法，促使产品产生一定的差异化。产品的差异化可以分为两个方面，一个是垂直差异化，另一个是水平差异化。文化创意产品应该从水平差异化的层面出发，大胆创新，创造出独具特色的产品。利用差异化设计对文化创意产品涉及的领域进行开拓，让人在创新这一层面体会到文化的普遍性与存在性。2017 年 12 月 29 日，敦煌研究院携手腾讯公司，开展"敦煌数字供养人"的计划，号召大众通过文化创意、动漫、音乐、游戏等多元数字创意，加入敦煌文化的传承与保护工作中。在合作一周年的时候，该计划推出"敦煌诗巾"这一新年数字创意活动，该活动号召公众通过数字文化创意的方式，成为敦煌数字的供养人。在腾讯文化创意平台上，用户可以通过制作出属于自己的敦煌丝巾生成具有个性化的文化，对魅力非凡的敦煌文化进行供养。

（三）兼顾美观与实用的原则

人们生活中的各个方面都体现出人们对于美的追求，美观且实用的产品是为了美化人们的生活。美学实用性效应指的是这样一种现象，人们通常认为，相对于没有美感的设计，美感较强的设计会更容易使用。这种效应在多项实验中被印证，并在一项设计的性能好坏、是否可以被接纳等方面都存在积极的影响。

具有美观性的设计看起来使用价值更高且更容易使用，不管这些具有美观性的设计是否真的更容易使用。值得肯定的是，具有实用性但并不美观的设计会受到一些冷落，从而引起一些对实用性争论的问题。这些观念在随后的时间里会产生一些影响，并且很难改变，美学在一项设计的使用方式上扮演着重要的角色，美观的设计比缺乏美感的设计更能有效地培养积极的态度，并使人们更能容忍设计上存在的问题。

美的产品不仅要满足消费者审美的需求，同时还应使消费者感觉到"美观的产品更好用"。因此，在文化创意产品设计过程中，应该从用户的感受出发，细心观察用户的情感与喜好特征，总结其美学要求，在和文化结合的同时，设计出符合用户需求的美学性产品，从而使用户保持一种乐观的、愉悦的心态。例如，可通过与知名品牌联名设计，提升消费者对产品品质的信赖。百雀羚的生产商与故宫博物院的珠宝设计者钟华合作，强势推出一款带有浓郁中国风的梳妆礼盒，这款产品所具有的精致的中国风广受消费者追捧。

（四）坚持绿色环保的原则

在设计产品的过程中，要重视人与自然之间的生态平衡关系，设计中做出的每一个决策，都要对环境效益进行充分的思考，最大限度地减少对环境的损害，包括产品设计的材料管理与选择，尽可能地降低有害物质的排放量，减少能量与物质的损耗，提高产品及其零部件分类回收的便利性，使其可以重新利用或者再生循环。因此，设计者在设计产品的过程中，要积极负责，利用更加简便、长久的形式，最大限度地延长产品的使用寿命。

绿色设计与传统设计相比较，应遵循以下原则。

1. 资源最佳利用原则

资源的最佳利用原则涉及两个方面：第一，在选择资源的过程中，要树立可持续发展的理念，对资源的跨时段配置问题与再生能力进行充分的考量，不可以因为资源的不合理使用而加重资源的枯竭危机，尽可能地选择具有再生能力的资源；第二，在设计的过程中，要尽最大努力保证选取的资源可以在产品的整个生命周期中被充分利用。

2. 能量消耗最少原则

能量消耗最少原则包括两个方面：第一，在选择能源类型时，尽可能避免选择汽油等不具备再生能力的资源，要选择风能、太阳能等具备再生能力与清洁能力的资源；第二，设计者要力求在产品的整个生命周期中做到能源损耗最小，减少能源的浪费，防止这些被浪费的能源转化为热辐射、噪声、振动、电磁波等。

3. "零污染"原则

绿色设计要实施"预防为主，治理为辅"的环境保护策略，要摒弃传统的"先污染，后治理"的末端治理环境的方式。所以，在设计产品的过程中要思考怎样才能在根本上避免出现污染问题，消除污染源。

4. "零损害"原则

绿色设计需要保证产品在生命周期内不会对劳动者、生产者、使用者造成危害，对其具备良好的保护功能。在设计的过程中，不但要从产品制造、产品质量、产品可靠性以及使用环境等方面为生产者与使用者提供安全保障，而且要使产品与美学、人体工程学等原理相吻合，以免危害人们的身心健康。①

5.技术先进原则

绿色设计要使设计出的产品为"绿色"，利用先进技术，设计出具有一定创造性的产品，使产品拥有良好的市场竞争力。

6.生态经济效益最佳原则

绿色设计要从可持续发展的层面出发，对产品可以创造的经济效益进行考虑，思考产品在生命周期内的环境行为可能会给社会与生态环境造成的影响，对其带来的社会效益与环境生态效益的损失进行预估。换句话说，就是绿色产品生产者要兼顾经济效益与环境效益，进而获取最佳的生态经济效益。

第四节 文化创意产品设计的基本流程

当我们接受一个新的文化创意产品的设计项目时，我们首先要考虑的是文化创意产品的概念问题，通常情况下我们将开发新产品的概念分为文化产业衍生产品、文化生活用品、传统工艺品与饰品、时尚产品等。针对不同的产品，我们将采用不同的设计策略和方法，但是文化创意产品的创意过程是一致的，一般包含以下三个步骤。

一、认识问题，明确目标

在文化创意产品的设计工作中，随着设计的进行会出现很多问题，且不能有效解决。因此，我们在设计的开始就要明白创意产品的问题，以及问题的结构与构成。

想要有效地解决问题，就必须把问题放在"人—产品—文化—环境"这个体系中，这个体系涉及人的审美需求与文化，产品需要承载的文化内容，以及怎么去承载文化。而体系之中的"环境"指的就是社会人文环境与产品系统环境，只有在这个体系之中去设计文化创意产品，才可以明白问题的存

---

① 刘芳，刘娟.谈博物馆文化创意产品的包装设计原则 [J].中国包装工业,2014（14）: 18-19.

在形式，从而明确设计的目标。

二、设计研究，分析问题

进行设计研究、分析问题，设计市场所需要的文化创意产品，是每个设计者都清楚的流程。设计活动是一种符号性活动，在这一过程中，设计者需要对产品机能、审美、市场竞争、人、社会文化等元素进行编码，然后在市场销售中，由消费者参与解码。而对文化进行编码，就需要站在消费者的角度，所以需要采用一些创意方法，把文化心态、审美情趣、生活方式与文化的内涵相结合。

消费者与设计者的解码过程是否一致对设计的成败具有重要的影响。如果消费者不能在审美趣味与文化心态等方面认同产品，那么就表明这个设计是失败的；反之，消费者可以在这两个方面认同产品，那么这个设计就是非常成功的。要想使设计取得成功，就必须站在消费者的角度去分析文化创意产品的组成要素，分析设计中出现的问题，做到心中有数。

三、概念展开，设计构思

在设计研究与分析问题的基础上，面对出现的问题，设计者需要提出各种解决问题的设想，这种提出解决问题设想的过程就是设计想法产生的过程。设计者对产品设计进行构思的想法越多，就越可以获得好的文化创意产品。在设计过程中，设计者通常借用一些创意方法，利用草图对自己的设计构思进行展示。这些草图有以下设计表达形式。

利用草图进行结构与形象的推敲，把思考的过程表达出来，以增进设计者之间的沟通与交流，有利于后续的构思、推敲与再构思。

草图更侧重思考的过程，一个小小的结构或者一个形态的过渡都需要经过一系列的构思与推敲。而这种推敲仅仅依靠抽象的思维是不行的，还需要一系列的画面作为辅助，以便思考。

一般情况下，草图的表达比较随意、轻松，是片段式的。但是对于文化创意产品设计来说，构思需要图解为创意概念构思、象征符号构思、感性审美构思等三个层次。

（一）创意概念构思

站在整体的层面，检视轮廓以及被强调的部分，主要确定：在设计研究阶段出现的设计问题是否得到了很好的解决；通过创意方法，"文化"与当下"生活方式"是否得到了优秀的结合；对于所理解的"文化"，是否通过形体、色彩与线条等有效地表现出来。如果对以上问题的回答都是肯定的，那么该设计方案就很好地诠释了设计的概念。

（二）象征符号构思

基于创意概念，对设计中具体的设计元素进行符号化的加工与处理，站在消费者的角度，把创造的符号设计融进创意的概念之中，进一步讲，就是对立体的物体的特征性与图像和审视面的构造进行确定，表现出一定的体量感，以促进构思与推敲的展开。

（三）感性审美构思

感性审美构思，就是对文化产品的视觉方面进行处理、加工，依据审美流行趋势，采用形式美法则对表面的精致配色、质感、线条等进行细致且精心的处理，展示设计创意的独特魅力，促使整体达到最佳的效果。

四、设计展示，设计评价

一个项目需要经过概念展开、设计构思、设计展示、设计评价等环节。设计展示就是向大众展示一个较为完整的设计，并展示其设计的创意之处。设计评价就是在设计的过程中，对解决设计问题的方案进行比较、评定，以此确定各个方案存在的价值，判断出每个方案的优劣，以选择出最佳的方案。设计评价的意义在于，它可以为设计质量与水平提供一个基础保障，通过科学、合理的评价，可以在众多方案中选择出与目标要求最符合的方案。除此之外，适当的设计评价可以降低设计的盲目性，促进设计效率的提升。文化创意产品设计中的设计评价具有三个突出的特点。

（一）评价项目的多样性

文化创意产品设计需要考虑非常多的因素，其涉及的领域很广，较之一般产品设计更不简单。因此，在设计评价的项目中，要重点考虑体验性、创意性、审美性、符号性等指标。

（二）评价判断的直觉性

因为文化创意产品设计评价项目中有很多感性内容或者审美性精神，在评价过程中，很大程度上依据直觉进行判断，也就是说，直觉性评价的特征比较突出。

（三）评价结果的相对性

正是因为评价中的直觉判断占比较大，个人经验与感性因素的成分很多，个人主观因素就对文化创意产品设计的评价结果产生了较大的影响，尤其是评价者自身的价值取向与文化背景，非常容易影响到评价的结果。

五、模型制作，生产准备

在形态上，要求制作的模型需要呈现出真实产品的效果，所以，模型需要表现出产品各个部分的细节，这样也为设计者对产品细部方面的修改与推敲工作提供便利，有利于进一步完善设计的概念，同时为后续的数字模型的生成提供参考，以便最终投入实际的生产。当然，有些纯手工制作的文化创意产品是不需要这一步的，而是由创意定稿以后直接进行生产的。

第三章　现代文化创意产品设计与开发
——基于体验经济语境

第一节　体验与体验经济基础理论

一、体验

（一）体验的概念

"体"是指"亲身经验、领悟"，"验"是指"有效果"，这是《新华字典》中关于"体"与"验"的注解。而"通过实践来认识周围的事物；亲身经历"则是《现代汉语词典》中有关"体验"一词的解释。关于"体验"的解释多种多样，究竟哪种是较为精准的表述呢？

"体验"这一概念主要来源于心理学，主要是指当某一个体的智力、情绪、精神乃至体力达到某一特定的水平时，在他的潜意识里将会产生一种美好的感受。这一过程实质上是主体对客体的刺激所产生的一种内在体现。可以说，体验在我们的生活中无处不在，随着消费主义在经济时代的盛行，体验经济这一名词已经变得不再陌生。

我们说，企业的主要目的就是创造价值，而价值的体现终究需要借助消费者，只有消费者认为好的商品、认可的商品，才会实现其自身价值，在今天这个消费时代，价值实现的过程终究离不开消费者的体验。当体验过程具有不可复制与独一无二的特征时，消费者才会认为这个商品是值得购买的，才会为商品支付相应的费用，体现出商品特有的价值。

就体验而言，个体需要外界环境的刺激才能促成体验感受的形成，而非仅靠主观意志就能产生，它具有一定的主观性与个体性，因此不具有稳定性。一方面，同一个主体对相同事物的体验情感会随着时间与地点的不同而发生变化，相同客体由于地点与时间的不同，也会产生不同的思维、视知觉、行动、关联、情绪等差异性，此类差异性势必会影响到主体的体验感受。另一方面，不同的主体对相同的客体产生的体验感受也会有所差异。体验过程受到主体个性化差异性的影响，可以说，不同的体验实质上就是那些筹划时间与个体心智状态彼此作用而形成的结果。体验作为消费者的一段特殊经历，这段体验过程，可以促成一段记忆的形成，而这段记忆具有一定的个性化的特征，并对消费活动产生决定性的影响，个体的体验记忆一旦形成，将很难被遗忘。

体验并非指一种形式性与外在展现的东西，它主要是指一种发自内心的、独有的感受，是一种与生存、生命彼此联系着的感受活动。当个体对某一生活有了某种体验的时候，并不是说他会有做某件事的意愿，也不代表着他会对某一体验产生一种认同感，而仅仅指个体亲身经历过一段生活。这样的过程使得他对人生、生活以及生命产生了某种较为深刻的认知与理解，这一层次的认知与感悟是有过此类经历的人才有可能体会到的。

人的体验与生命、生存紧密相连，由此可见，体验其实就存在于我们身边，并且随时随地都在发生着。只要我们还活着，那么体验就有存在的可能。人在体验当中生存与生活，同时也在生存与生活的实践中得到体验。

（二）体验的类型

1. 娱乐的体验

娱乐是人类这个特殊的行为主体所常见的一种行为活动，它主要是以休闲消遣与寻求快乐为目的，在众多类型的体验活动中均能够看出该类活动的娱乐属性，并且这种娱乐属性与其他属性彼此融合能够产生一种全新的体验感受。随着时代的发展进步，消费者的需求也发生着改变，以往的消费方式早已无法满足新时代下大众对于消费方式的需求。体验经济就是在这样的时代背景下产生的，它能够带给消费者一定的趣味性、新颖感以及愉悦的心情。这种娱乐体验的盛行，使得众多商家与企业也纷纷将这种娱乐体验融入自己的商品体验当中，如教育体验、审美体验等，促使消费者在体验中能够拥有轻松愉快的心情与感受。一般而言，娱乐体验包括体育运动、游戏活动、听音乐会、观看舞蹈演出、唱卡拉 OK 等。

2. 教育的体验

与娱乐体验以追求快乐、消遣为目的的体验不同，教育的体验实质上是消费者在体验的过程中能够获取信息与知识的体验过程，并且达到借由活动提升自身专业技能与文化素质的目的。在教育体验过程中，人们通过更多地参与到体验活动中，不断地吸取知识的养分，进而武装自己的头脑，锻炼自身的运动能力与思维能力。一提到教育，人们首先会认为这是一件极为严肃的事情，但是这里需要提到的是，教育并不意味着枯燥乏味与无聊，教育体验也可以成为一件轻松愉悦的事情。

举例说明，由中国福利会和国外机构合作开发的幼儿教育系列产品《乐智小天地》，主要的受众群体是学龄前儿童，并根据具体的年龄段进行划分，设计与制作出符合不同年龄阶段儿童心理的教育益智类产品。例如，幼儿版年龄在 2～3 岁，快乐版年龄在 3～4 岁，成长版年龄在 4～5 岁。《乐智小天地》借助活泼可爱的"巧虎"这一卡通形象，激发儿童的好奇心理，使得他们能够关注这些有趣的故事内容，并通过互动式的体验教学，将数学、语言以及逻辑思维等教学内容巧妙地传授给儿童，在轻松活泼的氛围下，让孩子形成独立学习与独立思考的能力。

3. 审美的体验

通常来说，大众被某种事物、现象、景观所吸引，进而在体验过程中出现轻松愉悦的心情以及美的享受，我们称之为美的体验。这种美的体验大多是消费者在进行体验的过程中受到某一特定事物或者景观现象的影响而产生的一种审美过程，而在这个过程中，消费者对这一事物或现象的影响则微乎其微。由此可以判定"客人想要参与有教育意义的体验是想学习，参与娱乐体验是想感觉，而参与审美体验的人就是想到达现场"。

审美体验通常包括在环境优美的主题餐厅用餐、在风景秀美的旅游风景区欣赏美景、在美术馆或者博物院欣赏艺术品等。现在让我们通过典型事例对此进行了解。"北京 8 号学苑"是一家以"80 后"校园文化为主题的餐厅，同时这家餐厅也是开国内之先河。这家店主打怀旧风，就餐环境也是以"80后"的校园环境作为背景，简朴的书桌、老式的黑板以及具有年代感的白瓷杯，瞬间将"80 后"一代人带回自己的"年少时光"。餐厅内不仅设有用餐区，同时还设有娱乐休闲区，该区域内设有老式游戏机，以及伴随一代人成长的漫画书等。更有意思的是，餐厅的工作人员还会定期为顾客上课，课程安排有历史课、语文课等，让顾客在尽享美食的同时，还能怀念美好的青春往事。

（三）体验的特点

体验是人们的心理活动，是在人的大脑"黑箱"中完成的。借助体验能够促使人获得一种深刻的、主观的以及综合的感受，这种感受来自个体的主观判断，对个体而言，就是感性与理性的融合，是周围环境与客体以及个体彼此间相互融合产生的感受。此类感受极其深刻，令人无法忘怀，这种感受或许会改变大众的生活以及他们的人生态度与思想，可以说，体验的目的就在于让人类的生活变得更加有意义。就通常意义来说，体验包括以下特点。

1. 内在（无形）和主观性

颜色、结构、外观等，人们可以经过具体的实践操作感受它们的存在；服务是一种相对抽象的事物，然而借助一些标准化的服务流程、形象化的展示以及大众的感受等方式，也能使人们感受到它的存在。而体验是一种心理感受，它的产生、变化、存留等过程都是在个体的头脑中实现的，是个体在知识、形体、情绪方面参与主观之外的事物所获得的，这些过程是不能从外部直接观察其内部状态的。当然，在我们生活的世界上没有任何事物是脱离其他事物而独立存在，任何事物之间都是彼此作用又彼此联系。因此，即便大众不了解世界万物之间的具体关联性，但只要知晓某一事物对外部信息刺激所给出的反应，清楚事物的输入与输出关系，就能够对事物做出相应的研究。

通常来说，体验是一种个体行为，这种体验行为会受到个体生活背景、知识背景以及经验基础等因素的影响。因此，不同个体在相同的体验情境下，其体验的具体感受也会出现因人而异的情况。同时，个体的情感状况与思想意识同样也会随着外部环境的变化而产生不同的心境，这一心境变化也会产生一定的意识改变，由此可见，体验是一个极具主观性的活动。

主体主观能动性的大量投入贯穿整个体验过程，个体主观的参与意愿通常反映在体验的生成过程中。通常来说，个体在体验过程中的参与度越高，那么体验活动就越成功，并且体验活动的开展原本就是个体的一种自主自愿行为。在环境极为恶劣的情况下，由于个体主观意识的影响会使原本失败的体验转变为成功体验，因此，体验的能动性存在与发挥都需要依靠个体主观性得以实现。

2. 亲历性和差异性

大众将主体亲自参与体验活动的过程称为亲历。亲身感受与理解以及亲身经历是亲历的两方面。我们说，亲身感受与理解主要强调的是通过体验主体真正参与到经历活动中并通过活动能够有所反映，增强对事物的理解与感悟的过程；而亲身经历主要强调的是体验主体作为一种客观存在的参与行为。因此，通过体验而产生机械式死记而无法形成理解，也谈不上是亲身经历，体验最为注重的是对体验主体与体验对象间关系的确定，以及对事物存在意义的理解。

首先，从行为角度出发，它要求行为主体亲自且主动参与体验活动。比如，个体在现实生活中，体验经验一种是通过自身行为获取的，还有一种是借鉴他人行为经验间接获取的心灵体验，这些都是要求个体亲自参与且亲身获取的。这一过程是没有任何人能够取代的，特别是心灵上的共鸣与情感上的触动是无人能够替代实现的。

其次，从个体角度出发，若要获取别人的体验，也应当通过自身与中介材料的接触来获取，从本质上分析仍是体验主体的玩味与理解、亲身经历，但是这个过程又会因个体的独特性、个体性与差异性而获得不同的体验结果，但是亲身经历是共同的。当然这些行为与经历不是简单地重复他人行为活动，而是需要通过中介实现思维与思想上的再感受。

3. 一次性、延续性和不确定性

体验是人们身临其境的感觉或者良好的心理感受（包括愉悦），具有一次性特征，但这种体验的价值并不会马上消失，它在人们心目中会延续，本质上这也是一种体验感受的关键特征之一。

根据心理学与神经生物学的相关理论研究发现，体验感受实质是一种生理反应，是大脑受到外部刺激产生的一种反应。同时，这与大脑的不同体验与不同区域有着一定关联。从神经生物学角度分析，大脑中的感官系统收集关于触觉、光波与声波等方面的信息，使得大脑新皮层产生更为复杂的情感，而大脑新皮层的其他部位则能产生思维、创意与认知。

我们说，体验实质上是一种主观与客观相互交融的状态，体现出一种物我两忘、情意会合的状态，它会因事而异，因人而异，因个体所处的环境以及时机的不同而产生一定的差异。具体而言，同一个体，由于当下的心境不同，它获取的体验感受也会不同；在相同情境下，由于个体不同，所产生的体验结果也会有所差异。因此，体验本身具有极强的不确定性。

虽然说体验存在某种不确定性，但是并不代表这种不确定性是不能掌控的，相反，也正是由于这种不确定性，才促使我们进行相应的改变以适应这种不确定性。在这个日益强调个性化的环境下，更需要我们去关注这些不确定性所带来的全新价值。

行为经济学家对个体参与消费活动的非理性现象进行研究后发现，个体行为的关键点在于"体验","体验"最为闪光的价值体现在体验价值确定的客观逻辑方面,主要强调的是对自由的"高峰体验",① 是一种自主性较强的且需要亲自经历的体验过程。

二、体验经济

(一)体验经济的概念

所谓"体验经济",其实质就是服务经济发展道路中所出现的新浪潮,美国未来学家托夫勒在《未来的冲击》一书中就已经明确指出了这一观点。但该观点在当时社会并没有引起高度共鸣,甚至在一定程度上已经被忽略。随着时代的发展,社会的不断进步,"体验经济"这一名词再次出现在大众视野当中,并引起众多专家学者以及社会成员的高度关注,并通过撰写相关文章对这一观点进行再次阐述。比如,从 1998 年在美国一本商业杂志上刊登的名为《迎接体验经济》的文章中便可以看出,同时期美国的许多经济领域从业者也纷纷对此给出相应的观点与说法。一时间,体验经济开始在广大受众群体中受到热烈追捧,许多商家与企业为了在激烈的市场竞争中获得一席之地,纷纷开始效仿好莱坞与迪士尼的做法,将体验经济引入自己的行业与领域中来,促使消费者在体验过程中获取情感与精神层面的满足,从而获取一段美好的体验记忆,这样的时间记忆具有一定的延续性,只要体验感良好,即使消费者当时没有选择购买本商品,但是也会选择以后为商品价值买单。随着体验经济在社会各个行业与领域的逐步渗透,体验经济已经发展成为一种能够与服务业与制造业相提并论的"第三"产业。

微软公司(Microsoft)研发出来的办公软件与操作系统的名称"XP",它的英文全称就是"Experience",中文译名为"体验",这就是体验经济最为鲜活的事例。微软公司对研发的不同时期的电脑软件进行顺理与总结:数据处理与文字处理是第一代微软软件的主要特征;通过互联网实现互联互通是第二代电脑软件的主要特征;而更加深刻且丰富的体验则是第三代电脑软件的主要特征,其中包括三维接触等。此外,与"体验经济"相类似的经济形态还有很多,如"休闲经济""文化消费"等。

再如,上海有一家茶馆在当地很有名,凡是去茶馆喝过茶的人都会有一种回归本性的感觉。这也是老板开这家茶馆的初衷,卖茶是一方面,最关键

---

① 郑雪. 人格心理学:第二版 [M]. 广州:暨南大学出版社,2017.

的是为顾客营造一种特殊的氛围：人们在一种古色古香的环境中，听琴声，品茗茶，闻着香炉的阵阵香气，观名家书画作品，欣赏赏心悦目的茶道表演，等等。尽管茶馆里的茶并不便宜，但是仍有众多消费者心向往之，就是源于它为顾客带来的全新体验。

综上所述，体验经济要求商家或者企业在最大限度上满足消费者的"体验需求"，给他们带来轻松愉悦的体验感受，使他们无法忘记这一体验经历，从而激发消费者的购买欲望，使得商品价值得以显现。从某种程度上说，这就是消费与生产的完美统一，这也是体验经济这一概念提出的意义所在，即从消费者作为商品价值创造者的角度出发所进行的深度思考。具体而言，站在不同立场，体验所带来的意义便会不同：对生产者而言，体验可以让他们从消费者那里了解到怎样的商品能够更受欢迎，更加具有市场竞争力；对消费者而言，体验能够让他们了解到哪些商品是与自身相匹配的。[①]

一般情况下，大众很容易将服务经济与体验经济混为一谈，其实它们有本质上的差别。总体来说，体验经济所包含的内容更加宽泛，具体来说，体验经济中的消费者身份发生了改变，以往消费者仅仅作为商品的使用者而存在，而现在却以使用者与生产者双重身份存在，成为商品价值的创造者之一；过去人们一提到体验想到的就是由商家提供的某种服务，其实不然，它是一种通过服务与商品而实现的消费者的某一特定的体验，如表 3-1 所示。

表 3-1　四种经济形态的比较

经济形态	农业经济	工业经济	服务经济	体验经济
经济提供物	产品	商品	服务	体验
提供物性质	可替换的	有形的	无形的	难忘的
经济关键特性	自然化	标准化	定制化	个性化
经济功能	采掘提炼	制造	传递	展示
卖方	贸易商	制造商	提供者	展示者
买方	市场	用户	客户	客人
买方身份	消费者	消费者	消费者	生产/消费者
买方行为特征	理性	理性	理性	非理性

---

① 赵楠.体验视角下文化创意产品设计探究 [J].艺术教育，2021（6）：232-235.

（二）体验经济的特点

1. 终端型

在体验经济下，商家要想在激烈的市场竞争中立于不败之地，最终需要赢得的对象是作为自然人的顾客与用户。在以往的经济活动中，商家之间为了争夺市场，需要从商品与服务两方面加强自身实力，而在体验经济之下，商家实现经济盈利的关键因素是获得消费者的喜爱。尤其是消费者在体验过程中，商家要尽可能为消费者提供各种体贴且周到的服务，让消费者内心需求得到最大限度的满足，使得其体验过程符合个体性需要，最终达到促使消费者购买商品的目的。

2. 差异性

伴随社会生产技术的不断提高以及科学技术的不断发展，企业间无论是在服务还是产品方面都出现了"同质化""商品化"的现象，使得原本具有极大竞争力的领域，也由于生产技术的进步而出现了产品大范围的同质化，在市场竞争中形成了恶性循环。商家为此苦不堪言，单从产品上下功夫已经远远不能满足市场竞争的需求，因为生产技术的发展使得产品的"复制"现象频繁出现，商家企业要想盈利极为困难。这一问题不仅仅体现在产品方面，在服务方面亦是如此。由于市场经济的高度发达，商业服务模式也出现了"克隆"现象，使得原本具有服务优势的商家企业，其服务模式被迅速普及化，独有的商业竞争优势也荡然无存。总之，由于产品与服务日益"商品化"，导致一些商家企业陷入恶性竞争的困境之中。因此，在体验经济下，要求商家企业从消费的个性化需求入手，关键是促使消费者在体验过程中能够拥有愉悦、开心的感受，满足不同个体的购物体验需求，从而实现产品价值的完美转换，达到企业盈利的目的。

3. 知识性

以往商家企业提供的产品与服务通常只是为了满足消费者感官层面上的满足，而在体验经济下，企业更加注重的是商品文化内涵的渗透，即消费者通过购买商品，不仅可以满足消费者的使用需求，同时还能提升个体的文化修养，丰富个体的知识储备，同时达到精神层面的满足。

4. 参与性

伴随着时代的不断进步与发展，大众的物质生活水平以及精神层面都发生了不同程度的转变。而作为经济社会中不可或缺的消费主体，购买者已经不仅仅满足于作为商品的使用者，而是希望能够亲身参与到商品的设计制作与生产过程中，消费者的这一内心需求正是体验经济中个性化诉求的鲜明体现。消费者希望在最大限度上参与到产品的设计、制作与生产当中，并在此过程中实现个体价值的充分展现。在如今的消费时代，已经涌现出了众多此类互动式的消费，如农家乐采摘园、自动贩卖机、自动点唱机、自助餐等。事实证明，消费者群体在商品制造中所占比重将会越来越大。

（三）体验经济的影响

关于体验经济对消费者体验过程所带来的影响，美国哥伦比亚大学的伯恩德·施密特教授曾在 2001 年撰写的著作中做出详尽阐述，并结合社会学与心理学理论，从五个不同侧面论述了这一新型经济形态对消费者体验产生的影响，它们分别是关联、感官、思考、行动、情感。具体来说，思考体验主要是指消费者在受到外界刺激之后，促使消费者思维与认知层面的一种提升与反馈；情感体验与思考体验相比，主要强调的是消费者在体验过程中，从内心情绪方面发生的改变，源于体验情境与情绪诱导的影响；行动体验主要是指由于亲身经历或者受到某些激发，从而对消费者的生活方式、行为方式等产生一定影响的体验；感官体验主要强调的是人体不同器官对外部环境刺激所给出的反应，这些感官刺激包括嗅觉、味觉、视觉、听觉与触觉等；关联体验是指以上各体验层面彼此相互影响，从而形成获取社会认同、自我改变等个人与社会系统、他人产生一定关联的体验。[1]

1. 体验经济对社会发展产生的影响

体验经济对社会发展的影响包括体验取代产品和服务成为主要经济提供品，休闲、娱乐业等第三产业比例和产值增加；体验经济更富人性化和竞争力，将得到更多的资源配置；人们参与和体验的意识增强，进而改变经济环境和消费环境。

---

[1] 马连福．体验营销：触摸人性的需要 [M]．北京：首都经济贸易大学出版社，2005：4-17.

2. 体验经济对消费市场产生的影响

体验经济对消费市场的影响包括经济发展和环境变化导致的消费观念和行为的转变，目前主导消费市场的是体验式消费和高于产品本身的服务，侧面反映了社会阶级的发展和消费范围、消费品质、消费方式的革新。从消费内容角度分析，大众对历史、文化、科技与娱乐方面的体验更加感兴趣，进而促使个体精神层面的需求以及实现自我的需求；从消费对象角度分析，消费者对产品的需求不再趋于大众化，而是寻求更多能够满足个体内心需求的个性化的服务与产品；从消费方式角度分析，大众需要更多参与产品设计、制作与生产的过程的机会，以变被动为主动的方式参与到消费活动过程中。人们的消费需求从基本的实用层次转向高级的体验层次。

第二节　体验经济语境下文化创意产品开发设计的体验途径

通常来说，我们将消费者直接参与观察或虚拟或真实的事件过程称为体验。这种体验，我们可以从感性与理性的角度进行分析，其中感性包括情绪、感官、情感等因素，理性包括思考、知识与智力等因素，这当中也包括肢体行为方面的活动。通过以上几个方面，我们可以对文化创意产品体验进行阐述。

一、感官体验

从感官体验的角度分析，商家在对有形产品进行设计时应当从不同侧面入手，如体验主题、产品的基本要素与使用环境等，目的是创造出极具个性化的视觉艺术享受。我们常见的感官包括触觉、视觉、嗅觉、味觉、听觉。因此，在进行产品设计时也要从这五个方面展开，促使消费者在体验中感到满意、欣喜与愉悦。在文化创意产品开发中综合利用多种感官刺激进行设计，会给使用者和消费者带来更多层次的感官体验。

（一）视觉

我们在生活中常见的视觉信息包括事物大小、外观、颜色、形状等，从物理特征角度看，又包含物体构成、体积与重量等信息。这些客观存在且肉眼可见的物理特征，会给消费者带来一定的主观印象。比如，钢铁会使人联想到坚硬，黄金会使人联想到贵重，等等。以上的事例都说明了视觉感官带给人们的体验结果。因此，在对文化创意产品进行设计的时候，要在视觉方面下功夫，创作出妙趣横生且诙谐幽默的产品形象，目的在于缓解消费者日常紧绷的神经，缓解长期高压环境下带给人们的疲惫感，促使消费者从产品中寻找到生活乐趣。

不同的线条形状与形态可以使受众产生不一样的视觉体验。比如，曲线带给人们更加柔和、优雅、丰富与自由流畅的感觉；而直线带给大众的通常是简洁、快速、锐利、紧张、明快的内心感受。线型及形态语境如表 3-2 所示。

表 3-2 线型及形态语境

线型	形态语境
直线	给人一种快速、紧张、锐利、明朗、简洁和直接的感觉
细长直线	给人一种纤细、敏锐、微弱和时间流动的感觉
粗短直线	给人一种厚重、朴实、断续和不顺畅的感觉
垂直直线	暗示着平衡而强有力的支柱，给人向上和端庄的感觉
水平直线	保持重力与均衡，具有很强的安定感，给人一种稳定和静止的感觉
倾斜直线	给人强烈的刺激感和运动感，使人感觉不安，动荡不定
曲线	给人一种柔和、丰富、优雅和自由流畅的感觉
C 曲线	给人一种简要、华丽、柔软的感觉
S 曲线	给人一种优雅、有魅力、高贵的感觉
涡线	给人一种壮丽、模糊的感觉

"色彩唤起各种情绪，表达感情，甚至影响我们正常的生理感受"。[1] 我们通过美国视觉领域专家的阐述能够了解到色彩对人体生理感受的影响。因此，在进行文化创意产品设计时，要尽量从色彩对产品设计带来的影响入手，打破人们视觉审美的常规，力求做到在色彩搭配方面令人眼前一亮，记忆犹新。从色彩心理学的角度出发，不同颜色带给受众的内心感受也会有所不同，所要传达的思想感情也会有所差异。

文化创意产品设计除了需要考虑线条与色彩之外，还需要通过生动的线条形式以及形态各异的造型设计，为受众带来一定的视觉冲击力。比如，

---

① 王俊涛，肖慧. 产品设计程序与方法 [M]. 北京：中国铁道出版社，2015：171.

2008 年奥林匹克运动会五福娃的形象设计，其中五个福娃从形象外观看，圆弧形的曲线使得福娃造型更具亲和力，五个不同的福娃头顶上的装饰图案象征着不同的寓意，可以说，五个福娃象征着世界五大洲的人民，虽然我们的肤色、民族、文化等方面存在差异，但是世界人民不惧困难、勇往直前、拼搏奋进的奥林匹克精神是相同的。基于以上理念，创意人员设计了五个福娃的艺术形象，从福娃的造型设计到意识形态上都形成了统一的概念。因此，优秀的创意能够带给受众不一样的艺术感受。

我们考虑文化创意产品设计并没有想象中简单，只有从艺术形象设计的造型元素以及色彩搭配的角度出发，从消费者的审美角度出发，才能设计出能够与消费者产生情感共鸣的优秀文化创意作品。

（二）听觉

除了视觉元素，听觉元素也是影响文化创意产品设计的关键因素之一。听觉元素作为文化创意产品中至关重要的因素，在与顾客的沟通中起到无可替代的作用。声音的存在能够给受众一种安全感，打个比方，新生儿对声音的敏感度比较高，当他处于一个陌生环境时，妈妈的声音往往能带给孩子无比的安全感。此外，声音也是事物信息进行传达的元素之一。它在这个过程中起到一定的提示作用。比如，当你听到开水壶发出"汩汩"声的时候，意味着水已经烧开了或是马上烧开了。诸如此类的事例还有很多。

在听觉领域，设计者要尽量做到设计出优美和谐的声音，并给消费者带来愉悦的内心感受，而非制造噪声，使人感到烦躁不安。

（三）嗅觉和味觉

相对于视觉与听觉，嗅觉与味觉略显"迟钝"。可以说，气味也可以对个体感受产生一定影响。因此，设计者在进行文化创意产品设计时，也需要将气味元素考虑进去，受众嗅觉感受也能体现品牌的力量。好的产品都希望通过气味为消费者制造美好的记忆，因此我们在很多知名品牌的产品中发现它们是进行过香氛处理的。文化创意产品中有固体形态的香氛产品，同样也有液体形态的香氛产品。比如，我们在一些茶馆内品茶时，能够闻到一种与茶馆古色古香的氛围相匹配的香气，让用户通过不同感官获得完美体验。这种体验是以一种不张扬的方式将一种价值观与文化传递给用户的，并且为消费者制造一种难以忘怀的经历。

说到味觉，我们首先联想到的就是美食，一般产品与味觉的关联性并不大，当消费者在购买食物时，会通过试尝产品来选择是否购买本产品。设计者在进行文化创意产品设计时，可以依据消费者以往的味觉经验，通过联觉、通感等手法，将多种感受转化为味觉体验。

我们在食品类的文化创意产品中会涉及味觉，并且借助一些视觉感受或者特殊材料来体现产品的不同，如通过食品外包装袋上的视觉图案等，目前来说，这已经是一个相对比较成熟的运用模式。

不同的包装风格适用于不同的美食。比如，口味偏清淡的食品，其外包装色彩一般会选用色彩饱和度相对比较低的风格；口味偏浓郁的食品，则适用色彩饱和度较高的风格。此外，那些口感比较舒爽的食物，其外包装袋的设计通常会采用棱角不太鲜明的方式；与之相反，食物口感偏刺激的则通常采用棱角比较鲜明的包装袋。这是从文化创意产品营销的角度出发，将味觉与视觉相结合的手法通过这种色彩与线条的直观印象来争取消费者的关注，远远胜过文字表达，其效果更为直接与高效。

除此之外，味觉记忆能够将周围的物质环境与进食行为形成相对稳定的意向联系，把味觉归入文化创意产品设计可以将个体生命记忆归入社群记忆（价值观、城市文化、印象）之中，为消费者创造印象深刻的体验经历。

（四）触觉

触觉与听觉、视觉、味觉、嗅觉一样，也可以为消费者提供体验价值。消费者借助触觉为大众提供一种主观感受与产品印象。触觉相对于以上四种感官体验而言，感受来得更加直观、具体、真实，也更加接近事物的本来面目。差异性的触感所传达的信息也会有所不同。比如，我们通常会用坚硬与冰冷来表示冷峻，用丝滑柔顺来表示高雅，用凹凸不平来表示沧桑，等等。以服装为例，人们在购买服装时，通常会选择天然纤维的面料，为了表达人与自然相融的理念。

材料的使用在触觉体验中的作用极其关键。通常来说，设计者通过选取不同的材料为消费者带来不一样的触觉体验。材料是触觉的媒介，产品的材质美通常体现在人文社会性、科技性与自然性方面，材质选取的重要性往往高于其他的设计要素。好的文化创意产品，实质上是功能、风格、材质、造型完美融合的结果，因此，优秀的文化创意产品离不开优良的材质。这就要求设计者在进行文化创意作品设计时，大胆选用适合本产品特性以及符合产品气质的创新材质。

二、情感体验

（一）情感体验在文化创意产品中的作用

设计者借助情感体验进行文化创意产品的设计，在提升产品的经济价值与文化价值的同时，还能够为用户带来不同的情感体验，并起到一定的文化传播作用。

1. 有利于增强人们的感官体验

文化创意产品不同于其他产品，它最主要的特点就是为大众提供精神层面的满足与享受，当然也包括感官方面的刺激等。设计者借助不同材质来满足不同需求的用户，带给他们相应的感官刺激。单从文化创意产品角度出发，设计者希望借助产品创作促使用户能够在文化精神层面得到提升。因此，好的文化创意产品是具有一定文化内涵与文化底蕴的，从而带给受众一种情感共鸣，满足用户的情感体验需求。故宫博物院为了大力发展文化创意产品，还专门成立了故宫文化创意研发交流中心，致力研发具有故宫文化的文化创意产品，产品必须突出故宫文化，并且符合当下年轻人的审美情趣，或诙谐，或可爱，或秀美，等等，让那些沉寂许久的文物活起来，被广大受众所接受与喜爱。

2. 有利于获得更多的创意体验

要想使文化创意产品赢得广大受众群体的追捧与喜爱，就要从产品自身与消费者两个角度出发。其一，文化创意产品的设计应当贴合广大消费者的心理，满足他们精神领域的需求，并引起他们的情感共鸣，只有让消费者从心理上接受与认可产品，才有可能使产品价值获得转化。其二，文化创意产品自身应当具有深厚的文化内涵，最主要的是要具备鲜明的文化主题，能够在第一时间迅速抓人眼球的文化创意产品才是好的产品。故宫博物院近些年涌现出众多妙趣横生的文化创意产品，涉及生活领域的方方面面。比如，能够带给受众不同情感体验的文化创意产品有故宫口红、国风胶带、艺想丹青书签等，这些产品的设计已经不仅仅满足于产品原本的使用功能，更多的是一种情绪体验、情感共鸣、文化内涵的彰显，是一种易被大众所接受的文化创意体验。

3. 有利于获得更多的愉悦体验

目前市面上的文化创意产品众多，并呈现出不断发展的态势，究其原因是人们对产品个性化需求的日益增长。这种个性化体现在文化创意产品从精神层面能够带给受众一种精神享受，或者说，好的文化创意产品能够与消费者进行心灵的沟通，促使消费者得到一种内心愉悦的状态。因此，我们说文化创意产品同时也能够带给受众一种愉悦的精神体验。

（二）情感体验在文化创意产品中的应用

为了促使产品能够更加凸显出其情感体验，设计人员需要从文化创意产品的外形设计以及文化内涵两个方面入手。具体来说，首先，外形设计方面需要从包括味觉、视觉、听觉等在内的不同感官体验的角度进行考虑，同时还要满足产品的功能设计需求；其次，产品设计应当凸显文化创意产品的文化内涵与文化底蕴，促使文化与创意能够完美融合，从而促使文化创意产品能够实现价值转化。

1. 本能层面

人们通常将第一眼看到产品的外观时所产生的一种本能反应称为本能层面，这也是对产品第一印象的解读。这种感官体验是多方面的，如视觉、触觉、听觉等，其反映在产品方面体现为产品色彩、产品材质以及产品造型等。大众也会根据这些元素对产品做出初印象判断与评价。因此，外形设计对文化创意产品而言至关重要。设计者需要从色彩、造型、触感等方面力求做到耳目一新的视觉与触觉体验等。比如，前些年火爆全网的故宫博物院雍正"萌萌哒"系列图片，便是这类文化创意产品的有益尝试，并获得了广大网友的关注与喜爱。由此可见，对于文化创意产品的研发应当尽量融入全新的创意思维，跳脱出固有的思维模式框架，并考虑融入当下先进的科学技术元素，从而提升观感效果，使得原有的文物焕发出新的生机与活力。

2. 行为层面

设计方式单一、做工粗糙的文化创意产品，虽然价格低廉，但是缺乏文化内涵，很难得到消费者的认可。在文化创意产品行为层面的体验设计中，设计人员要充分考虑到产品的功能特性，不仅要做工精美，形式多样，还要具有实用性，满足人们多样化的需求，发挥文化传播的作用。比如饰品，有象征吉祥的，有具有装饰功能的，有驱除异味的，还有具有纪念意义的，不同的饰品具有不同的寓意。

3.反思层面

反思层面是情感体验的最高层次的体现。在文化创意产品设计之初，设计者就应当从消费者角度出发，研究消费者的内心需求与情感诉求，从而对产品进行不同层面的了解，深度剖析产品特性，结合消费者情感体验等元素，对文化创意产品进行设计，并在产品面世后，收集大量反馈信息，对文化创意产品进行文化层面、物质层面的升级，从而将产品有形与无形地完美融合与体现，真正做到让受众能够在第一时间认可与接受文化创意产品。举例说明，故宫博物院近些年致力将科学技术与具有稀缺、珍贵且本体不易复原等属性的文物结合起来，通过信息技术手段，完美实现将文物实体进行数字化展示的做法，让广大受众能够足不出户，通过移动设备终端便可以轻松欣赏一个个精美的古文物，从而缩短了文物与百姓之间的距离，为用户提供了丰富的情感体验。

三、思维体验

思维是指在表象、概念的基础上进行分析、综合、判断、推理等认识活动的过程。个体的思维活动，需要借助个体与外部世界产生一定的联系，进而在这种联系的基础上促使个体形成对外部世界的认知与理解，从而达到通过思维活动将文化创意产品更好地推广与宣传出去的目的。我们以杭州主题文化创意餐具"西湖盛宴"系列产品设计为例，设计人员将杭州文化以西湖美景作为依托设计在餐具上，从而满足大众借助文化创意产品了解杭州文化的精神需求，最大限度地激发他们的思维活动，从而达到宣传与推广产品的目的。

这套以杭州西湖文化为背景的文化创意产品，其设计理念是将杭州美景作为文化创意作品的文化主题。与大红大绿的餐具设计不同，它在色彩运用方面以淡绿色作为主色调，尽显清新雅致的风格，尤其是餐具上的图案，将工笔画的写意精神发挥得淋漓尽致。此套餐具中最值得一提的便是半球形的冷菜拼盘尊顶盖，可以说是极富情趣的创意设计，从工艺制作方面也是极具挑战性的。可以说，整套餐具设计将江南文化与东方气质完美地融合在一起。基于此，能够看出设计者在最初进行产品设计研发时，是从思维体验的角度出发，经过反复斟酌与修改之后才呈现出来的。总的来说，首先，文化创意产品可以从地域文化角度出发，将地方特色发挥到极致。将文化创意产品的个性化与独特性发挥到极致，才能避开商品市场中同质化现象严重的情况；其次，文化创意产品在追求新、奇、特的同时，还应当注重产品的审美特性，将传统的文化元素借助现代的表现手段展现出来，从而实现文化创意产品艺术性与商业性的完美结合。

四、认知体验

认知通常被当作体验式营销的基础性环节。在当今社会，随着文化创意产品呈现出的形式与类别日益丰富，人们可选择的文化创意产品也变得越来越多。要想在激烈的市场竞争中异军突起，文化创意产品的研发人员就要从产品的认知层面着手进行研究与开发，而往往认知层面又体现在大众对产品的第一印象与第一知觉方面。因此，它更加强调的是大众的知觉体验与视觉感受。并且，文化创意产品需要借助不同的形式进行信息的传达，从而提高产品的文化内涵，达到社会教育的目的。

设计者在进行文化创意产品设计时，应当对受众群体进行全方位的调查与分析，了解他们精神文化层面的具体需求，使得文化创意产品具有更加强烈的艺术感染力与视觉冲击力，从而促使文化创意产品的文化教育价值得以体现。

五、理念共享体验

文化创意产品若想在一定程度上获得大众的广泛认可与接受，那么除了需要注重其商品属性之外，还应当从其文化属性出发，对文化创意产品进行研究与开发，使得文化创意产品在最大限度上获得市场认可并且取得一定的经济效益。这就要求我们在对文化创意产品进行市场化运营时，注意坚持产品共享、文化共享与信息共享的基本原则。比如，北京故宫博物院以清代皇室典藏珍籍《天禄琳琅》作为文化创意产品的设计蓝本，研发出了一套名为"天禄琳琅"的文具礼盒套装，与世界读书日的主题相吻合，对求学的众多学子来说，具有一定的吉祥寓意。具体来说，"天禄"是清朝乾隆时期贮藏汉代典籍的宫殿，并且"禄"音同"鹿"，因此在文化创意系列产品中融入了梅花鹿的形象，将这一概念具象化。

在文化创意产品的设计过程中，设计者应当考虑将文化共享的理念巧妙地融入其中。第一，应当注重文化创意产品中文化符号化的表达，将文化通过具有象征性的文化符号向社会广大民众进行展示，从而获得更多对文化符号意义有所了解的受众群体，基于此，也使得更多受众拥有文化共享的机会与体验。第二，设计者在进行文化创意产品的设计之前，应当关注时下社会的热点话题与社会的整体发展趋势，从而能够设计出具有鲜明时代特征的文化创意产品，赢得广大受众的喜爱与追捧。第三，应当关注同类别或者使用功能相近的产品之间的关联性，对具有这方面属性的产品可以考虑按照系列产品的模式，进行市场营销与推广工作，满足受众日益多元化的文化需求。

第三节　体验经济语境下文化创意产品开发设计的方法与原则

一、体验经济语境下文化创意产品开发设计方法

（一）文化关联法

对于世间万物，无论从显性关系方面还是从隐性关系方面考虑，都应当注意事物间的关联性。只有看透事物间的关联性，才能更好地将不同元素融入文化创意产品中去，从而使产品呈现出令人耳目一新的设计效果。而这种文化的关联性通常体现在文化的内容、形式与产品三个方面，而要想使产品呈现出文化属性，就需要设计者对产品特性进行提炼、整合等，从而让大众对这种文化性表示认可，并对文化产品产生情感共鸣，从而带给人们更好的文化体验。

在进行产品文化关联性操作时，首先应当对文化创意产品的文化主题进行明确，之后再根据文化主题对与之相匹配的文化内容展开调查，选择出适合的部分，进行文化内容与文化形式的设计工作，便于设计人员更加直观地了解其中的具体信息。

（二）差异体验法

人们非常规、非传统的设计方式与思路应用到产品设计中被称为差异体验法，这种方法从某种意义上能够体现出其创新特性，为消费者带来不一样的使用体验。为了适应不同的体验者需求进行不同的体验设计，这就是差异体验法的具体应用，这些创新体验主要表现在文化创意产品的功能、形式以及文化、情感等方面。

差异体验法能够被应用到不同的领域中并对此进行研究。本节以功能差异、体验差异作为研究对象，我们通常将产品独一无二的功能带给大众不同的体验感受称为功能差异体验法。比如，在大众印象中马克杯是用来喝水的，这也是它物质层面的特征的具体表现。当大众将热水倒入水杯中时，水杯上的图案会随着水的温度而显现出来；当水杯里的水温下降时，水杯上的图案又会随之消失不见。这一设计促使马克杯的艺术观赏特性彰显出来，通过这种功能差异化的应用，可以使文化创意产品的创新性体现得淋漓尽致。

功能差异体验法的具体应用，首先应当对目标受众群体进行信息收集工作，可以借助问卷调查法、观察法以及访谈法等调查法；其次将收集来的信息分别进行归纳总结，从整理好的信息中分析出目标受众群体对产品差异化的具体需求；最后再基于这些信息进行具体的设计工作。通常分为以下四个步骤。

1.选定目标用户与设计主题

在明确文化创意产品设计主题之前，应当首先做好目标受众群体的定位工作。我们说，目标受众群体的定位需要从不同的角度出发进行分析。按照性别划分，可以分为女性用户群体与男性用户群体；按照年龄层次划分，可以分为儿童、少年、青年、中年与老年；同时还能够依据工作、收入与学历等方面进行目标受众群体的划分。总而言之，在进行受众目标群体划分时，应当做到具体情况具体分析，这样才能确保产品定位准确无误。

2.选定测试方法获取目标用户需求

通常来说，为了获取产品功能差异化需求的具体信息，信息收集者会选用李克特量表法对目标受众群体展开调查。此类调查法主要通过五种不同的陈述内容，让被调查者根据自身的实际情况进行选择，具体回答内容为"非常不需要""不需要""不一定""需要""非常需要"。然后信息收集者再根据不同回答内容的选项总分，以及结合目标群体的不同状态展开分析。量表中的五种功能选项内容分别是娱乐功能、认知功能、使用功能、审美功能、教育功能（功能无顺序之分）。被调查者可以根据自身实际情况，选出认为比较感兴趣的选项以及感兴趣程度。功能选项评分量表如表3-3所示。一般情况下，被调查对象人数控制在30～100人，若遇到特殊情况，可以适当增加调查问卷人数。

表3-3　功能选项评分量表

名称	功能选项	非常需要	需要	不一定	不需要	非常不需要
功能差异体验	使用功能	5	4	3	2	1
	审美功能	5	4	3	2	1
	娱乐功能	5	4	3	2	1
	教育功能	5	4	3	2	1
	认知功能	5	4	3	2	1

3. 进行信息整理

调查问卷工作完成后，需要对调查信息进行归纳整理，将不同功能选项的分数逐一进行统计。具体方法为将被调查者对不同功能选项的评分统计求和，然后将这些不同功能选项的总分按照高低排序，处于首位的便是目标用户认为最为需要的功能，与之相反，如果得分最低，那么表明这一选项是最不被大众所其需要的功能。但是，不可忽视那些得分相对较低的选项，也许它们将成为未来大众所需要的潜在功能需求，所以仅仅通过一次调查问卷是无法挖掘出其潜在的商业价值的，因此，这就需要文化创意人员紧跟时代脉搏，做到提前预测市场下一步的需求点，把握商机。表3-4和表3-5是以端午节作为文化创意产品的主题展开的调查问卷后将相应调查数据进行统计后的结果，本次参与调查的人数为30人。

表3-4　功能选项数据统计

名称	功能选项	数据统计
功能差异体验	使用功能	134 分
	审美功能	129 分
	娱乐功能	117 分
	教育功能	127 分
	认知功能	99 分

表3-5　功能选项数据统计排名

名称	功能选项	统计排名
功能差异体验	使用功能	1
	审美功能	2
	教育功能	3
	娱乐功能	4
	认知功能	5

4.将功能需求体验融入产品设计

从功能选项调查图表中排名较为靠前的选项中选择一项或几项，对这些功能进行延伸，从而达到满足用户需求的目的。具体需要通过功能差异体验来完成，使得用户借助功能差异体验获得相对愉悦的心情。表3-4和表3-5展示的是对中国传统节日——端午节进行调查后，经过工作人员的整理得出的最终的统计结果，按照需求度由高向低排列依次为使用功能、审美功能、教育功能、娱乐功能、认知功能。从本次调查结果能够得出结论：目标受众群体最为感兴趣的还是集中在使用功能方面。因此，文化创意产品的设计者在进行设计时，应当更加凸显出使用功能这一特性，满足目标受众群体的实际需求。

二、体验经济语境下文化创意产品开发设计的原则

（一）目的性原则

设计者在设定好主题范围之后，在对现有的文化资源进行整合与提升的基础上进一步明确文化创意产品的主题方向，这便是文化创意产品设计的目的性原则。文化创意产品的主题特征在文化创意产品的营销推广中占据重要地位，因为消费者通常会被某一类型或者主题所吸引，进而在某一主题框架下对产品进行选择。因此，文化创意产品的文化特征展示能否引起目标受众群体的关注，并引起他们的情感共鸣显得尤为重要。

由于消费群体存在一定的差异性，因此在进行文化创意产品的主题设计时也应该做到因人而异，使得在进行主题设计时具有较强的针对性。当今是体验经济的时代，人们对大众化的事物兴趣越来越少，对那些个性化的事物较为关注。因此我们可以依据不同层次的受众群体设计符合他们品位以及年龄段特征的文化主题。比如，针对中老年受众群体，我们可以选择将传统文化作为文化创意产品的设计主题，从国画、戏曲等领域提取产品设计所需的关键要素。针对儿童受众群体，我们则能借助生动的动漫人物形象吸引这一群体的注意力，令他们对产品产生兴趣。针对年轻受众群体，我们则要从时下流行的文化潮流、音乐、影视剧等方面提取关键要素，作为文化创意产品主题设计的重要信息。[①]

---

① 刘宁宁.体验经济视野中的节事类旅游产品设计研究 [D].上海：华东师范大学，2004：5.

（二）互动性原则

作为文化创意产品，要尽量让消费者在使用本产品时，产生一种与产品进行愉快互动的体验感与交流感，这便是文化创意产品的互动性原则。要将互动体验理念引入文化创意产品的设计中，不断增强文化创意产品的互动属性。由于在设计之初缺乏对消费者需求的了解，一些传统产品在一些基本功能方面存在欠缺，最终只能是被社会所淘汰。

（三）情感性原则

伴随社会经济的飞速发展，人们的物质生活日益丰富，与之相匹配的精神层面需求也在不断提高。在这种情况下，大众对产品的需求不再仅仅局限于基本的使用功能层面，更多想要获得心理方面的满足。[①] 鉴于此，设计人员在进行文化创意产品设计时，在满足用户对产品基本的使用功能的要求之外，还要尽量让用户在使用过程中获得精神的愉悦，这就要求在产品中注入更多情感因素，使产品与用户之间建立某种情感链接。

众所周知，当人们的物质需求得到满足的时候，就会从精神层面上寻求更多的情感寄托。基于此，设计者在进行文化创意产品的设计时，就需要从目标受众群体的心理、情感层面入手，考虑到他们的情绪与情感需求。由此可见，情感因素在文化创意产品的设计中占据着重要的地位，它包括使用者的情感反应与心理活动、产品本身的物质属性所包含的情感因素、使用方式的不同隐含的情感因素。通过对以上三方面因素的整理，有利于我们找到人类与产品建立情感链接的最佳方式，从而增加产品与人的互动性，增添产品的人文气息。

---

① 马微.体验视角下文化创意产品的设计与开发研究 [J].今古文化创意，2021（25）：
64-65.

第四章　现代文化创意产品设计与开发
——基于情境整合语境

第一节 产品设计中的情境研究

产品情境是由产品本身、环境、人以及这三者之间的相互作用构成的。在产品概念设计的环节，对产品系统中的各个因素进行分析、整合和确定，从而把产品的创新理念具体化，这样的过程叫作情境的分析和构建。在概念设计中，可以通过产品情境分析来设计产品系统的存在方式和属性。

一、关于情境系统概述

很多领域都对"情境"和与之相关的理论进行了广泛的应用，如文学领域、政治领域、建筑领域、教育领域、设计领域等。而且在这些领域里，都会根据自身领域的特点在研究重点、目的和方法方面有着不同的侧重。比如对于文学领域来说，有关情境的研究会更加注重特定的语境和剧情间的结构关系和相互的影响；而在建筑领域，则更侧重于建筑物与周边环境、相关背景等方面的关系。

情境（Situation）在心理学领域属于一个核心术语，其概念是会对人产生直接刺激、具有社会和生物学意义的具体环境。情境和意境是不一样的，情境不是人自己想象出来的精神世界，而是由真实存在的物理环境、对人造成影响的作用环境、个体受到影响后发生的心理和生理上的变化等因素组成的，它是一种特殊的场景，由对个体产生各种影响的因素组成。所以，心理学将情境分成两大类：一是客观情境，就是对人的心理产生影响的客观存在的情境；二是主观情境，就是人的心理状态。

在认知心理学中，情境还被叫作情境（Episode）、背景（Background），等等。1896年，情形（Situatedness）这一概念被约翰·杜威提出，这一概念也就是当前心理学中的重构记忆。重构记忆表明，记忆是一直不断更新的，而不是永远固定在事件发生的时候或者只保有以往的原始经验。人们在回忆以前的事或者经验的时候，其实就是对以前的事和经验重新构建的过程，而不是简单地对它们进行提取。1972年，加拿大认知心理学家恩德尔·图尔文提出了情境记忆（Episodic memory）。情境记忆主张：人的记忆就是对过去的事或情境进行重新构建，当然，这样的重构不是凭空捏造的，而是以记忆中的经验、事件为基础的重构。[①] 所以，情境记忆的内容是由事件发生时的情境所决定的。任何一种记忆经过了重构过程都会增长新经验，从而产生新的情境记忆，这会对以后的记忆产生一定的影响。不管是重构记忆还是情境记忆，都表明了情境的重要性，在形成记忆和提取记忆的过程中，情境对记忆的影响是十分巨大的。

在设计领域中也会涉及情境，而这里的"情境"主要是指产品在特定的环境与时段里呈现出来的特殊形态，以及产品和相关要素发生的交互作用。情境设计通常分为两种：第一，能为设计者带来灵感的情境设计，它主要依赖于设计者的感知行为，如经验、智慧、灵感等；第二，基于具体信息进行的情境设计，它主要依赖的是设计者在设计初期所收集的有关市场情况、环境状况和受众状况的信息以及相关的分析。对于情境设计的研究可从两个方面进行：一是人对产品进行使用的情境研究，二是对设计人员的设计环境研究。因为对于用户体验的问题是很难用统计法对其加以量化的，所以在设计时，设计人员一般都会对用户的情境进行构建，从而达到模拟情境的目的，从而使用户在使用产品时能在模拟的情境中获得相似的体验，这会使设计者对用户的需求有一定的了解，从而提高用户的体验，对设计者的设计有很大的帮助。

二、涉及情境的相关方法

产品设计过程中涉及情境的相关方法主要有情境分析法、情境构建法、情境故事法等。

（一）情境分析法

情境分析法的基点是虽然未来充满未知，但很多东西是可以被预测的。如果能够通过某种手段将可预测与不可预测的东西分离，再对可预测且有规律的因素进行充分了解，就可以有效降低其不确定性，然后基于未来的发展做出相对准确的预测。

专家根据情境分析法提出过很多分析的步骤，其中最被大众认可的就是

---

① 赵强，王林.文化创意产品设计中情境整合理念的应用 [J].黑河学院学报，2020，11（11）：154-156.

斯坦福研究院提出的六大步骤。

第一步，明确决策焦点。就是首先把精力主要集中在一些比较关键且不容易预测的问题上。

第二步，识别关键因素。将对决策造成直接影响的环境因素找出来。

第三步，分析外在驱动力量。对关键的外在驱动力量加以确认，包括经济、技术等多个层面，这些驱动力是影响以后状态的重要因素。

第四步，选择不确定的因素。选出两个或者三个不确定的关键因素，将其组合成发展情境逻辑的框架。

第五步，发展情境逻辑。选择两个或者三个包含全部焦点问题的情境。

第六步，分析情境的内容。对角色情境进行模拟，从而对情境的一致性进行验证。在这一阶段，专家们可根据自己的想法进行辩论，最后达成统一的意见。

（二）情境构建法

在设计学中，可将"情境"分成两类：一是现实情境，二是虚拟情境。前者是现存产品使用的情境；后者是产品在将来被使用时的情境，也就是还未发生、未来会发生的情境。产品设计就是设计用户未来会使用的新产品，所以在情境构建时，通常是对虚拟情境进行构建。产品未来会发生的事情通常可以从现存的东西上被推测出来，情境构建法就是对目前的情境和受众的期许进行分析，从而对未来产品的需求情况进行探索，促使设计者对设计进行调整。

情境构建以产品未来所处的情境作为出发点，对收集整理好的信息进行分类、整合，然后根据自然情境下的人、环境、产品与用户心理情境下的情感、思维、行为动机等各个方面来寻求产品的机会点，从而形成系统性、科学性的产品生态体系。情境构建法是以情境案例为基础的构建法，把产品现有情境中的一些要素进行拆解，然后再以真实情境为依据进行新的构建，而且会在这样的情境范围内，对产品所处的情境以及产品和情境要素间的关系进行深入的研究。

产品设计研究包括很多环节和步骤，基本流程如图4-1所示。在完整的设计研究流程中，情境构建是其中的第三阶段，这一阶段也属于设计研究的重构阶段。

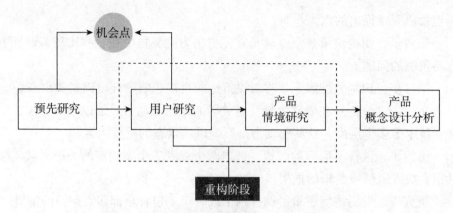

图 4-1　情境构建法的一般流程

（三）情境故事法

情境故事法就是设计者以用户的视角，利用视觉的手段，运用视频、故事版等工具，通过想象出来的故事对产品的使用情境进行模拟的设计方法。通过视频或者图片，将不同场景、时间的分镜头提取出来，对人、产品和环境三者间的关系加以分析，促使设计者能够站在用户的角度对新设计的产品的故事构思进行挖掘，并且将其当成评判设计是否合格的依据，从而实现对新产品修正和创新的目的。

台湾工艺美术师林荣泰在进行文化创意设计时就使用了情境故事法，并且开办了工作室。在工作室里，以林荣泰为代表的美术师们对文化创意产品设计进行分析，最终将其分成了四个阶段：一是情境的发展，二是情境的交流，三是产品发散，四是产品设计。同时，还为学员们制订了学习设计清单：

第一，情境发展阶段。把自己的姓名、年龄、电话等相关的基本信息填写上去。

第二，情境交流阶段。以演说人对当地文化的讲解为依据，选择一个原住部落的典型服装进行设计。把和服装相关的文化特点、神话故事填在表格里。

第三，产品发散阶段。根据自己想要设计的产品和填写在表格里的内容进行情境式交流。

第四，产品设计阶段。绘制产品草图。

综上所述，上文所提到的三种与情境相关的理论都是帮助设计产品情境的研究方法，在设计产品时，这三种方法是相互依存的关系，同时又各有侧重。下面对这三种方法再做一个总结。

第一，情境分析法。侧重的是对现存产品情境的研究，通过科学的定性、定量的方法，在设计初期为设计者提供用户分析、需求分析等，就是在现实生活中提取有用的要素，从而为以后虚拟情境的构建做铺垫。设计者可以通过该研究方法对设计的主要问题有一个清晰的认知，这是一种通过现实要素构建新产品虚拟情境的方法。

第二，情境构建法。就是以产品以后的情境作为出发点，对前期搜集、整理的资料加以分类和整合。该方法可以帮助设计者先拆解现实产品情境的各种要素，然后再重新构建将来的产品情境，重构后的情境会对设计者的情感、心理、记忆等方面产生刺激作用，从而影响其行为意识，并贯穿于设计者的整个设计思维过程中。

第三，情境故事法。使构建的产品情境能通过可视化的形式呈现出来。当前很多设计者在使用该方法时，都对前期的情境分析阶段进行了弱化，而更加注重设计者的主观思想。

第二节　产品设计情境空间的构建

设计的过程不是静止的，而是设计者为了完成目标进行的有计划、有思考、创造性的动态过程，设计过程始终围绕解决阻碍目标实现的问题进行。这些问题可能存在于现实情境中，也可能存在于虚拟情境中，其能够在情境和相关要素的作用下得以解决。在进行设计时，情境也会根据设计的进展发生动态变化。首先是设计问题和条件的提取，通常来说，问题与条件产生于人类日常工作、生活中的需求及不便。例如，夏天天气很热，需要降温，有什么办法可以使自己感觉凉快一些？这就是一个问题。而人、夏天、降温就是条件。也就是说，在设计前期就要掌握人、产品、环境的相关知识，我们将这些知识叫作情境知识，那么得到这些知识的空间就是情境知识空间；在掌握了设计的问题与条件之后，才能着手去设计，把问题、条件与设计相结合的过程就是情境设计，其组织空间也就是情境设计空间；不管是情境知识空间还是情境设计空间，都要以容易理解的方式进行表述，这个方式也就是情境的构建方式。

一、情境知识空间

所谓产品存在，指的就是产品系统和外部环境的交互过程。这里的外部环境包括使用产品的人和使用产品的环境，在这样的交互过程中，产品系统的特征得以产生。在设计过程中，从交互情境中得到情境知识，根据这些情境知识来确定产品的属性以及产品的存在方式。情境知识可分为两方面的内容：一是要素知识，要素知识是组成情境空间的要素所包含的信息；二是交互情境知识，就是从人和环境的情境中了解人的需求，然后根据这些需求进行具体的构思设计，同时获取和产品设计有关的约束前提。简单来说，就是通过现实的或者虚拟的情境，把设计对象放到人、物、环境中去，从而达到获取产品相关信息的目的，同时对产品系统中的各种因素加以明确，最后将产品的构想明确地呈现出来。情境组成要素关系如图 4-2 所示。

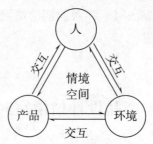

图 4-2　情境组成要素关系

（一）情境要素知识

情境要素知识就是组成情境空间的人、产品以及环境这些要素所包含的信息资料。要素的相互作用以这些信息为依据，因此，只有对这些信息进行充分获取之后，才可以在它们的相互作用中对有效信息进行掌握，从而掌握产品的准确概念。分析情境要素有助于对产品概念的范围进行确定，从而找到要素进行相互作用的交点。情境要素知识如图 4-3 所示。

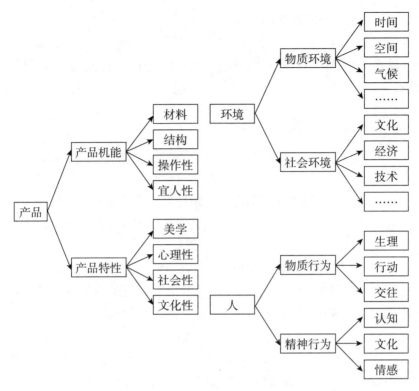

图4-3　情境要素知识

（二）交互情境知识

交互情境知识获取示意如图4-4所示。

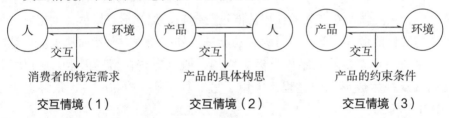

图4-4　交互情境知识获取示意

情境一：这是设计的出发点。人、环境二者之间的交互会使人在不同环境中表现出不同的行为，从而在此过程中产生不同的需求。

情境二：人、产品二者之间的交互，使人对产品做出各种行为，而产品会对这些行为进行反馈，也就是人和产品在操作、认知等方面的交流。在此过程中获取产品的设计构想。[①]

情境三：环境、产品二者之间的交互，不同的环境会对产品提出不同的需求，反之，产品会对环境造成影响。在此过程中，这会对产品设计产生约束作用。

二、情境设计空间

设计是进行智力活动的过程，它以情境的认识和实践为基础。在产品设计中，总是会将"情境知识"和设计的过程联系在一起，简而言之，就是产品在一定的设计空间内和使用者、使用环境产生联系时，对样式、所处状况及经历的呈现过程。产品设计过程也是情境知识在设计中的分析与运用过程，可以理解为产品在特定情境空间的设计。

悉尼大学约翰·S·盖罗做出了产品设计模型，将设计过程描述为一种通过预期的设计行为来产生与功能需求相对应的结构化设计过程。为了顺利达成设计任务，以 Qian L. 为代表的专家找出了功能、结构、行为三者两两之间的关系，并对其关系进行了定义。以功能（Function）—行为（Behaviour）—结构（Structure）这种框架结构为基础，设计出了过程模式——"FBS"。该模式以及三种要素中两两间的关系很好地解决了设计状态中存在于各种因素中的图式关系。

"CAD"专家谭建荣在其著作《CAD 方法与技术》中提出"FBSS"模式，即功能 F（Function）—行为 B（Behaviour）—结构 S（Structure）—形态（Shape），就是在之前的基础上加入了形态（Shape）。在以往的"FBS"模式中，主要强调对产品的使用功能进行创新，加入形态以后，就把它看成了结构的自然形成，就是对行为和功能进行外在展现。[②] 然而从工业设计的角度来讲，形态虽然是结构自然生成的，但也应包含情感因素，所以，就会尤其重视生成形态的过程，采用了另一种形态（"Form"），最终诞生了"FBSF"模式。

"FBSF"模式并不是只有一种设计路线，也就是说功能"F"不止由行为"B"得来，同样的，行为"B"的获取也不仅仅依赖于结构"S"，因此，形态"F"的获取就更加多元了。

功能—行为—结构—形态只是针对产品主体的设计模式，怎么去定义

① 杨祢尔.基于情境导向下的文化创意产品设计研究 [D].河北建筑工程学院，2021.
② 王伟伟，刘允之，杨晓燕，等.用户行为与情境导向下的文化创意产品设计研究 [J].包装工程，2019，40（24）：27-32.

功能？行为应该怎么去表达？结构合理与否？这些都是值得思考的问题。况且产品并不是独立存在的，不管是什么产品，都会在一定的环境内被人使用，所以，说到底，产品最大的价值就是它的使用价值。于是，威廉姆 J. 克兰西提出了类比法及相关理论。类比法是根据两种事物在某些特征上的相似之处，做出其与其他特征也可能相似的结论。类比设计"ABD"为求解设计问题提供支持。它强调世界上发生的很多情境、事件、情况和情节都可能再次出现，世界上发生的一些很微小的改变都可能使世界上的一些概念同样发生改变，这些改变具有一定的规律，相同或相似的处理方式、行为方式都可能导致出现相同或者相似的结果，以往很多的设计案例都能为现在设计者的一些设计提供助力。在情境设计中运用类比方法，就叫作情境类比设计"SAD"，其观点就是人和人在产生一些想法或者做出一些行为的时候都要与当时的实际环境相适应，建立一种可行的假设，有效使用情境设计获得创新原理及结构、形态，从现有设计中找到与相似功能或行为发生联系的人—物—环境。情境设计是和设计活动匹配的活动，情境设计是研究人类如何获取设计知识和技巧，并能使设计者获得丰富的设计洞察力。

设计者会和设计所处的环境产生相互作用，这会对设计的过程产生一定的影响。把情境设计的思想看成是形成创新设计的途径。把情境作用到"FBSF"模式中，所进行的产品设计是面向情境的，从而构建出产品情境设计空间，具体框架如图 4-5 所示。把情境作用于整个设计过程，把情境要素间生成的交互情境应用至设计中，就可以得到和产品的功能、行为、结构、形态等相关的内容与要求。

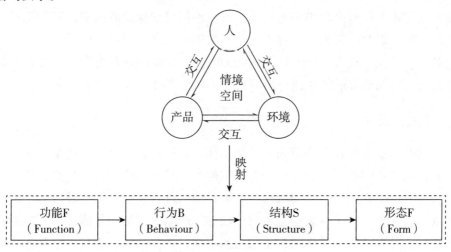

图 4-5　面向情境的产品设计框架

（一）功能

功能其实就是一个产品的作用和其具备的功效，是产品的价值体现。根据功能的表现，可将其分为两个方面：一种是物质功能，另一种是精神功能。前者主要表现在产品机能上，后者则表现在产品的特性上。功能的媒介就是产品的构造，而功能的实现方式则是行为，如果没有产品构造，其功能就无法具体呈现出来，而如果没有行为，其功能就不能得到发挥。由于产品具有和普通事物不一样的形态，产品之所以能存在主要是因为其使用功能，所以，要想满足用户的使用需求，在设计产品形态时就必须以便于人们操作为前提。产品的功能要素对产品的构造起决定性作用，从某种意义上讲，即使是对产品外形构造的改进，也是对产品功能的革新。

通过分析环境和人的交互情境，来了解人在特定环境中的需求，这样的需求不仅反映了产品的功能，同时，其功能最终也能使人的需求得以满足。在产品设计中，功能具有重要作用，它不仅是设计的目的，同时也是设计的驱动力。例如，人和闷热的卧室构成的交互情境里，人的需求是纳凉，怎么实现纳凉这一功能？那就需要进行类比了，其中最原始的类比就是自然风、蒲扇等，因此就可以做出模仿自然风或蒲扇的纳凉工具，现在很多的电风扇、空调都有纳凉的功能，使人们的需求得以满足。

（二）行为

产品功能的实现要通过行为，行为是功能表现出来的动态特征。行为是用户在使用产品时表现出来的动作。行为不但受到功能的指引，还会受到环境的影响。因此，行为不仅在人和产品的交互情境中形成，还受到交互环境的制约。例如，夏天室内太热开空调的时候，空调的指示灯会提醒人先把电源打开，再调至合适的风档。当室温并不是很高时，就可调小风速。

（三）结构

产品功能和操作的实现需要经过结构这一途径，并且结构还是支撑、承受物体的外在形态。产品设计会通过结构来呈现具体的构思，当然，结构同样会受到产品、环境交互的制约。如果将结构进行划分，可分成内部结构和外部结构两种，这两种结构是难以分割的。产品内部结构是体现产品功能的组织，而外部结构是操作的指示与功能组织、产品情感的表现。这两种结构相辅相成，是传达产品意义的整体。

在设计产品时，对产品结构的创新也是十分关键的一点。这是因为在实现产品功能和表现产品美感方面，产品的结构是否独特且新颖对产品的创造有着重要的影响。在实际生活中，大多数产品都必须依赖于材料间的连接才得以成型，而连接的方式也会对产品形态产生直接影响，结构的创新必须以产品的新功能为依据，然后采用新的材料和技术创造出新的结构。一个具有新结构的产品总是会以全新的面貌出现在人们的眼前，在视觉上给人巨大的冲击力，从而刺激消费者忍不住购买它。对产品的结构进行再造，不但可以使其功能更加完善，还能令使用的效率得到提升，并且为用户带来全新的视觉体验。

（四）形态

前文论述功能与结构时对形态有所提及，形态其实是产品的机能属性。对于一个产品来说，形态不只是功能的载体和内部结构的显现，还体现了产品的象征意义和情感。

由于情境的产品设计是在人—产品—环境系统内展开的，这样的系统就包含两种情境：一是人的情感环境，是建立在人—产品—环境系统构建的情境中，对产品功能、行为的产生和对情感过程的体验与感受；二是产品的物理环境。形态是伴随着功能—行为—结构的相互作用而发生的，产品的功能以及操作行为对内部形态有着直接的决定性作用。但是情感形态生成的渠道有很多，其中仿生类比最为常用。不管是在动物形态还是植物形态上，都能发现带有情感因素的类比情境，就像很多婴幼儿使用的产品都会仿照大自然中一些可爱的动物或者植物的形态，从而设计出与婴幼儿天真的心理、情感相适应的产品。当然，也可以从自然现象中发现类比形态，比如把类似于水珠的形态应用到水杯上，会给人传达一种纯净、清凉的感受。再比如，在一些小的用于降温的电子产品中应用水波的形态，会传达出一种清风吹过、清爽怡人的感受。

将形态的意义分成两种进行表达：一是产品机能的表达，二是产品象征的表达。然而，这两种表达是不可分割的整体，前者是形态的基本，在塑造产品形态时，必须以保证产品的机能为前提；同时，在后者的表达上还要追求个性化，从而传递出不同于其他产品的独特情感。

设计过程既是产品设计自身内部功能—行为—结构—形态之间的映射过程，也是设计过程中各类设计模型空间之间存在的映射关系，这种相互关联的映射关系可减少设计中人为因素的影响。情境作用于设计，是把产品放在人—物—环境的大系统中，是情境与产品之间的映射关系。虽然产品是以满足人的需求为前提，但不是人对于物和环境的统治，基于情境的设计既是产品创新的途径，同时也是人—物—环境和谐相处的要求。

三、情境衍生空间

在产品创新设计特征的基础上，情境衍生空间被提出。对产品进行创新设计的目的是想要在被制约的情况下尽可能获得自由，虽然将产品作为主体的情境空间对设计而言已经有了一定的自由性，但依然是根据设计需求构建出来的，并且情境类比设计方法的运用是基于设计对象的类似情境进行的，其出发点既希望能有设计的自由度，又希望不至于像头脑风暴法一样陷入解决方案的海洋，避免无谓的资源浪费。类比其实就是一种约束，这样的约束可能会对创新产生一定的阻碍作用。那么，应该怎样在被约束的前提下谋求最大限度的自由度？情境的扩充是否也属于对自由度的扩大？在这种需求下，情境衍生概念被提出，情境衍生概念把情境空间分成了主情境与子情境，二者共同构成一个情境集。在这个情境集中，会进行情境知识的获取，并进行情境设计。①

（一）主情境

主情境是基于情境设计方法，依据功能—行为—结构—形态的设计模式所定义的第一层级情境，是将情境构建要素中的某一因素作为特定对象，以真实的用户行为或者虚拟的用户行为为依据进行构建。坚持以人为对象、以满足人的需求的原则。一般而言，主情境将人作为指定的对象，然后对情境进行构建，从中获得相关的设计知识与技能，从而提高设计人员的观察力，同时通过对情境知识的有效使用，对产品的新结构、新形态进行创新性的设计。

（二）子情境

如上述分析，情境组成要素是人—产品—环境的体系，在产品设计的情境构建及描述中，主要围绕人—产品—环境的体系进行，以获得设计知识。然而在主体情境的相关因素里，每个因素又能派生出其他有关的情境，这些情境就是子情境。在子情境的设计之初，不要被特定主情境过度制约，要将设计思路打开，充分利用发散思维进行设计，因此不会偏离设计的需求，从

---

① 祁飞鹤，肖狄虎，李辉，等.基于情境系统的湖湘文化创意产品设计评价研究[J].
包装工程，2018，39（6）：119-126.

而成为创新设计的一个视点。对于子情境来说，其构造关系是把主情境里的构成要素当成主体，然后与其他的下阶要素共同构成次级情境。在子情境里，不必要求全部的元素都参与进去，即使缺失了某个元素，也不会对主情境的完整度造成影响，反而还会使其在情境互动中的灵活度得到提高。

比如我们在设计一款校服的时候，就可以根据服装、学生、学校构成主情境空间；组成主情境的三要素又能继续衍生出一些子情境，比如学生、生活场景、生活用品就可以组成一个子情境。越往下发展，衍生空间所受到的影响越小，创新思维才能更好地发挥作用，但是由于主情境的约束，并不会产生毫不相关的创新。主情境和子情境的关系示意如图4-6所示。

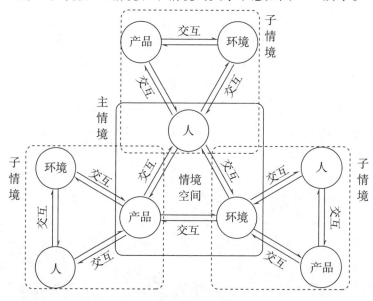

图4-6　主情境和子情境的关系示意

第三节　基于情境整合语境下的文化创意产品开发设计

一、文化创意产品设计情境整合的具体过程

（一）组合

设计者会从文化情境中收集元素，再将它和形成于现实生活情境中的有使用功能的产品相匹配。如果二者在形态、颜色、使用材料上比较相近，就

会投射至情境整合当中，生成超越以往各自空间的分离的关系，产品创意就此形成。

（二）完善

现代生活情境与文化情境映射的相互关系会激发设计者脑海中的一些案例情境，同时还会将二者情境中的特定细节激活，设计者根据草图、自身能力以及文化背景改进创意。这时，在心智空间里被设计者重构的情境整合的功能便得以发挥。

（三）拓展

拓展的作用就是对产品创意再次进行改进，在这一环节中，设计者能够通过草图或者数字化建模来揣摩细节部分，同时在虚拟情境中以产品的约束条件为依据，反复对产品进行修改和验证。

根据空间整合理论，空间整合涉及两个或多个输入空间中部分结构的投射及第三个空间的信息整合，当一个输入空间的信息同其他信息明显不同时，这时概念整合会产生新创意。

对文化创意产品来说，在它的设计过程中，如果在情境整合过程中产生了新创意，就说明创意已经开始出现了。根据概念整合理论，创意出现的过程其实是心理空间根据现有情境发生的认知行为。产品创意需要在认知模式里经过不断类推、递归等操作才能产生，它所显现出的最明显的特征就是动态性以及即时性。

因为人类的思维具有一定的局限性，所以关于产品的功能需求以及约束条件，人们很难同时兼顾，从而立马设计出完美的方案。设计的过程其实就像人认识事物的过程，是层层深入、从简单的认识到复杂的理解，这也是思维的规律所在。所以，本书提出的情境整合，也就是利用先拆解再整合的方法来解决设计过程中的一些问题。首先，在文化创意产业情境中，产品和环境的要素是具有双重性的，根据其双重性，就可以把文化创意产品情境拆解为两种情境：一是文化产品情境，二是生活产品情境。在不同情境下，得到满足不同需求的设计条件及问题。于是，设计者便会形成两种构思，这两种构思侧重点是不同的，一种侧重文化内容，另一种侧重硬件载体。然后通过设计者的整合，对文化创意产品的功能、结构、形态等多个方面产生影响，最后产品方案便成形了。

以情境整合的过程为基础，要想形成产品的概念，不仅仅是依赖一些突发的灵感，也不需要经过多次反复的试错，只需要在满足功能需求的基础上设计出方案，在生成产品创意之后，在设计草图时以约束条件为依据，慢慢对方案进行改进。这样的设计步骤不仅有助于设计者对设计问题和条件的明确掌握，还能在约束条件的作用下在方案制订的初期就对产品有一个清晰且准确的定位，从而促进设计高效进行，使文化创意产品的开发风险得到控制。

二、文化创意产品设计"X"型整合情境模型

设计情境是虚拟的，就是对产品未来的使用情况进行模拟。设计者会从未来的虚拟情境出发，对收集的资料进行整合，再根据自然情境中的产品、人、所处环境以及关系要素这几种对象，将同类型的要素整合在一起，从而构建出系统、科学的产品系统。从空间整合上看，其理论中的多种空间映射关系能够对构建产品情境的本质进行解释。而整合空间，就是根据输入空间整合后的情境空间，它在初步创意产生那一刻就在设计者的大脑中开始构建了。整合情境是设计者完善和拓展产品方案的依据。

福柯尼耶和特纳表示，在整合的最初阶段，新的关系就已经被创造出来了。所以，整合空间绝对不是简单地将两个输入空间叠加在一起，整合空间是被重新构建的心理空间，其中包含了新的关系。对概念整合而言，在关系整合中必定使用压缩的手段，一些离散的东西会通过压缩的方式进入网络中，从而对关系进行强化并获得整体视界。

对于概念整合来说，其本质就是对关系进行整合。文化创意产品的情境分析来自两种情境：一是文化产品情境，二是现代生活情境。不过这两种情境最后都会作用到一个产品上，并且会是同一使用者来使用该产品。所以，本文将文化产品情境与现代生活情境分析模型中的用户重合，通过用户身份关系、元素特征与范畴以及使用者空间关系的压缩，整合形成文化创意产品所特有的"X"型情境空间模型，如图4-7所示。

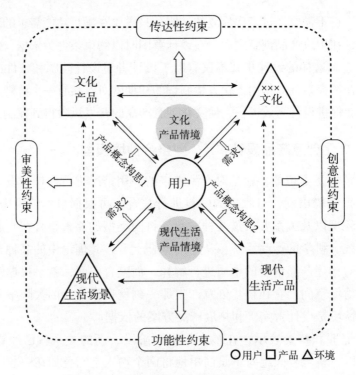

图 4-7　情境整合下的 "X" 型分析模型

在 "X" 型模型中，现代生活产品情境主要侧重满足用户在现代生活场景中的功能需求，因而产生 "×××（生活）产品" 的概念构思 1 集合。概念构思 1 集合可借助观察法、访谈法等研究方法观察并发现用户在衣、食、住、行、用等的生活或工作场景下的问题点，然后创造出能够满足人们日常需求的产品。比如，在网络时代里，人们使用数字化产品的频率在不断增加，数字化产品已经成为人们生活中必不可少的东西，人们对它的依赖程度在不断攀升，设计者通过人们使用数字化产品的现实情境就会发现人们的其他需求，如手机壳、防尘耳塞等，这也就成了设计的机会点。对文化产品情境来说，主要强调的是使用户的情感需求得到满足，所以便形成了 "×××（文化）产品" 的概念构思 2 集合。比如，去岳麓书院游玩的人总是会去书院门前写着 "千年学府" 四个大字的牌匾下面拍照，与牌匾合影，还有的人对赫曦台墙上的 "福" "寿" 二字也是十分喜爱，这些情况都会给设计者在设计文化产品时带来很多启发。

设计者可通过拍照、软件描摹等方式对重点文化元素进行采集、提取，形成可用于产品形态、色彩、材质等方面的设计素材，设计素材集合为产品设计转化做铺垫。概念构思 1 集合与概念构思 2 集合都是设计者在设计准备前所收集到的信息。

产品概念构思 1 集合中的功能点，与产品概念构思 2 集合中的文化元素，二者将在设计者的脑海中相互作用，从而激发出创作灵感，形成产品创意。此外，因为对于新产品而言，文化元素和功能点在功能上是互补的，所以，设计者必须把二者所处的情境进行整合再分析。在对情境整合以后，之前属于两个情境的环境和产品就会在新的交互作用下形成多重的约束条件。

创意产品能否通过其功能刺激人们的购买欲，取决于其选择什么样的载体去承载文化内容；同时，应该选择什么样的文化内容，把它当成设计元素融入产品设计中，决定了该创意产品能否从情感上打动人，从而使人对其产生认同感。在"X"型情境模型中，来自于两种情境的构想和实际需求相互促进，从而使用户的实际需求得到满足，并且其构想富有文化内涵，让产品更加生动，激发消费者的购买欲。

三、文化创意产品设计情境整合下多重约束条件

（一）传达性约束

文化产品与环境在相互作用的过程中会产生传达性约束。传达性约束对创意产品的要求是：必须将文化内涵准确无误地表现出来，从而有助于在使用产品时将文化内涵传递出去。传达性约束对产品的整体特征进行限制，同时也会考虑到一些细节部分，所以设计者必须先去了解相关的文化，再着手设计，选择合适的文化元素应用到设计中。在选择时，可以将能反映文化内涵的材料、颜色等提取出来融入产品设计中，从感官层面、内涵层面、技术层面将产品蕴含的文化内容呈现出来。

比如山水系列的办公用品。该系列办公用品是黑檀木材质的，这种木头具有很好看的纹理，给人一种水墨画的即视感。设计者会将黑檀木腐坏的位置去除，然后用树脂进行填补，黑檀木的表面就会光亮如新，然后再经过设计，笔筒、文具盒、毛笔管等办公用品就诞生了。从感官上讲，这样的办公用品结合了水墨画的元素，使用户感受到水墨画的独特美感；从内涵层面来说，将废弃的木头再利用，体现了我国提高资源循环利用水平、变废为宝的造物观，文化内涵也极为深刻。

（二）功能性约束

现代的生活产品和场景在相互作用的过程中会产生功能性约束，功能性

约束对创意产品的要求是：必须把人们实际生活中的问题顺利解决，从而满足用户的功能性需求。所以，设计者在进行设计时，一定要从产品使用的场景如空间尺寸和布局、用户的习惯以及操作步骤等多个方面进行考量，从而使产品的实用性得到提升。产品在功能性约束的作用下解决用户的问题和需求，同时也会使产品的形态发生一定的变化，从而使其存在形式受到影响。

比如带有"回避"和"肃静"字样的苍蝇拍。其设计灵感就取自古代官员身边的仪仗牌。苍蝇拍是很多人家都常备的一种手持的灭蝇工具，其组成部分有手持的手柄、拍头以及拍头上排列整齐的小孔（小孔的作用是降低拍向苍蝇时带过去的空气冲击力，避免让苍蝇有所察觉，同时还能加快拍向苍蝇的速度）。设计者必须对苍蝇拍的功能、使用方法和构造等进行充分的了解。之所以把仪仗牌的元素融入苍蝇拍的设计中，是因为仪仗牌的形态正好和苍蝇拍应有的形态完美地吻合，不管是拍柄还是拍头，其构造和尺寸都可以满足用户的使用习惯，使产品变得不仅实用，而且还具有趣味性，深受消费者喜爱，因此，这是一个非常好的创意。

（三）创意性约束

文化产品和情境在相互作用的过程中会产生创意性约束。创意可以将文化和现实生活连接起来，创意性约束对创意产品的要求是：设计者要通过现代的思维和表达方式，找出具有文化内涵且与现代生活相适应的新形态。只有扎根到现代生活中，才能使创意源源不断。一个好的创意产品，其文化元素必须与产品本身有一个完美的契合点，这个契合点通常表现在产品的外形、功能等方面。创意性约束可以使产品在现代生活中展现出新奇、有趣等特点，使创意产品更加吸引人的眼球、更吸引消费者。

比如创意产品檀钓香座，这是使用签香、线香必备的香具。设计者找到了钓竿和线香之间的契合点，将我国山水诗画的美呈现出来，使人仿佛身处于古诗所呈现的意境之中，带有浓厚的中国传统文化气息。

（四）审美性约束

文化产品和现实生活在交互作用下会产生审美性约束，审美就像文化一样，会随着人类的进步而不断改变。不管处在人类社会发展的什么阶段，都会存在属于当前阶段的经典类型。在审美性约束下，设计者不能生硬地套用一些文化元素，而是要把自己对审美的理解和流行趋势融入其中，对文化元素进行合理的创新与改进，以适应当代人的审美习惯。同时，在审美性约束的作用下，创意产品所表现出来的形式更加符合当代人的生活情境。

比如檀钓香座，它带有浓厚的山水诗画的美感，并不像别的香座有着非常写实、具体的雕刻形象，而是对其外形进行了简化，几何构造十分有特色，更加符合现代人的品位。

对于文化创意产品来说，它具有多重的约束条件，能够帮助设计者对设计的条件和问题进行清晰的定位，从而促使设计工作平稳有序地开展，并使设计方案更有活力，从物质和精神方面共同激发消费者的购买意愿，使产品的经济价值、文化价值更好地实现。

文化创意

第五章　现代文化创意产品设计与开发
——基于生活美学语境

第一节　传统生活美学与文化创意产品开发设计的融合

一、建筑美学

中国拥有许多历史悠久、种类繁多的古代建筑，其中包括庄严肃穆的陵墓、沧桑辉煌的石窟、固若金汤的城池、风格迥异的桥梁、千姿百态的古塔、清幽宁静的寺观、富丽堂皇的宫殿、诗情画意的园囿、典雅古朴的民居等，它们都是我国传统文化不可分割的一部分。除此之外，这些古代建筑还将我国民族传统文化的魅力展现了出来，具备很高的文化价值和艺术价值。要想充分体现中国民族传统文化的艺术价值和文化价值，并令其符合现代审美观点，就需要挖掘中国民族传统文化所包含的艺术魅力与文化内涵，并将其转化为各种可视化的视觉符号。如可以将传统建筑元素开发为能够观赏的文化产品，这样不仅能够赋予传统建筑元素新的生命力，还能够使其拥有新颖的当代价值，从而确保中国优秀传统文化在健康传承的基础上得到传播和弘扬。在我国古代宫廷的设计美学中，即便是一个圆弧或是一根线条，都具备很强的理性和逻辑性。这类设计产品凭借着自身深厚的文化底蕴以及现代的时尚感得到了消费者的强烈追捧。

建筑不仅是一种美学与实用兼备的文明载体，还是一门艺术。在其发展过程中，不断吸收政治、经济、军事以及文化等各类社会元素。这些元素会和建筑艺术自身的内在特点进行融合，并经过较长时间的历史积淀后，形成一种独特的建筑文化，这种文化可以展现出当代的审美情趣、哲学意识、道德观念、文化形态等。传统建筑作为我国文化的表现形式之一，其装饰性、工艺性以及象征性具备特别的美学意蕴，可以凭借视觉符号的转译与再现，将其融入现代文化创意产品设计中。中国传统文化元素与设计创新产品的结合，不仅能使消费者进一步了解中国建筑元素文化，还能让文化创意产品更加多元化。现阶段，徽派建筑、客家建筑等元素已经普遍出现在了灯具类、家具类的设计作品中。文化形式不同，其蕴含的艺术色彩和人文情感自然也不同，因此，当设计者确定文化元素后，可以对该元素进行提炼与重构，并借助产品寓意以及不同的修辞手法对文化理念进行持续创新。

二、漆器美学

我国是世界上最早开始使用漆的国家，拥有着源远流长的漆文化。漆文化是一门具备丰富内涵的综合性艺术，它包含了漆雕、漆画以及漆器。其中，漆器是"漆艺"的主体，它指的是表面被涂上漆的美术品、工艺品、日常器具等，漆器必须要依附于一定的胎体才能够存在。早期的漆器具备较强的实用性，常被人们当作日常物品来使用，而从战国到秦汉年间，漆文化得到了前所未有的发展。但漆器的实用性在瓷器诞生之后开始减弱，逐渐转变为欣赏和审美功能，形成了以审美为主的艺术形式，即漆雕、漆画，这也代表着漆艺文化从实用领域步入艺术领域。

（一）传统漆器的设计美学

1. 色彩美

红色和黑色是我国古代漆器使用率最高的两种颜色。其中，红色鲜艳、外放，象征着尊贵，自古以来就深受人们喜爱；而黑色深沉、内敛。在器物上使用这两种颜色，能够给人带来含蓄古朴、大气庄重的感觉。此外，在漆器的持续发展下，色彩的运用也实现了新的突破，大量天然材料的诞生，产生了绿、蓝、金、银等颜色。如果将比较有质感的颜色作为底色，并在底色上增添鲜艳的颜色，便能呈现出比较强烈的视觉效果。

2. 材质美

材质美指的是由器物自身材质给人们带来的纹理和质感方面的审美。生漆属于一种具备装饰性的材料，如果将其涂在胎质上，在经过研磨、抛光之后，生漆表面便会产生自然的光泽，从而显得十分古朴且富有韵味。不仅如此，生漆有着显著的可塑性，能够和许多材质进行组合，如瓦灰、玉石、金银、骨、贝等，现代还可以将金箔、蛋壳等作为辅料入漆。在各种肌理和材质的搭配以及不同制作手法的作用下，漆器能够呈现出多种多样的艺术效果。

3. 纹饰美

传统漆器主要有以下几种装饰纹饰：生活题材纹饰、植物纹、动物纹以及几何纹饰。而几何纹饰通常包含三角形纹、回纹、菱形纹、旋涡纹、波折纹、弦纹、点纹等，这些纹饰经常在器物的圈口或是器物装饰带上。

4. 功能美

功能美主要在各类器物的实用性上进行体现。漆器的诞生源于人们在日常生活中产生的需求，因此，漆器涵盖了人们生活所需的大部分物品，包括浴盆、匜、勺、碗、屏风、桌椅以及交通工具等。由于漆器将生漆作为主要涂料，具备耐潮、耐高温、抗腐蚀、方便使用与保存的特性，所以被人们应用到了生活的各个方面。

5. 形式美

形式美对现代艺术创作而言非常重要。传统漆器种类繁多，漆器的设计需要根据不同的用途进行灵活变化，虽然漆器门类众多，但其在外观上都具有整体性，并追求图案装饰、色彩和器物外观造型的和谐统一。

（二）传统漆器中可借鉴的设计美学元素

1. 色彩与图案

在设计现代文化创意产品的色彩时，为了突出其文化价值，往往会使用漆器的传统配色。在传统的漆器里，最基础的颜色便是红色和黑色，这两种颜色不仅能形成强烈的对比，还能让器物给人以沉稳内敛、大气庄重的感受。除此之外，在设计现代产品时应用漆器传统纹样或元素的情况也屡见不鲜，如在产品外包装、漆艺等文化创意产品中出现了点纹、弦纹等传统几何纹样，云纹、花草树木等自然主题的纹样，以及各种神兽纹样。

2. 自然材料

事实证明，漆液具备防腐、耐热、耐碱、耐酸以及不易掉色等特点，而近几年我们也通过深入研究漆器涂料的性能发现了漆器的另外一项重要功能，即杀菌抗菌功能，它决定了漆器可以被应用在食品的外包装或是茶具、餐具等接触饮食的日用品中。所以，漆作为一种具备传统文化气息的天然可再生材料，不仅适用于漆制生活用品的生产，还能被当作一种文化创意产品来推广。

3. 造型设计

传统日用漆器主要包含家具、茶具、食器等，其中有一部分器物在百年前的包装和现代产品中存在着类似的设计理念。以双层九子漆奁为例，一部分现代食品、化妆品以及茶具等礼盒的包装与之非常类似，都是在一个容器内通过合理布局来存放物品。

（三）传统漆艺与文化创意产品的共通点

在传统漆器中，比较有代表性的是汉代漆器，它从实用角度出发并兼顾了当时的审美观念，实现了实用性与审美性的和谐统一，在人们的生活中发挥着至关重要的作用。汉代漆器保留了楚国优秀的制漆方式，并在此基础上持续创新与发展，使制漆业发展到了一个全新的高度。文化创意产品设计也需要保持这样的理念，兼顾实用性与审美性，现代文化创意产品的设计可以将传统漆器设计美学作为参考，设计出与现代审美相符的文化创意产品。

1. 实用性

汉代漆器种类繁多且应用范围十分广泛，涵盖了人们生活的各个方面。设计创作最初的目的在于满足人们的需求，实质上是回归造物的本质。在设计文化创意产品时，应该明确这种需求产生的原因，再结合相关社会文化，从而形成具备创新性、前瞻性的文化创意产品。在这个前提下，还可以从材料等方面入手进行创新，通过不同的质感来展现产品的艺术风格与文化内涵。

2. 审美性

汉代漆器作为传统漆器，不但功能多、用途广，而且制作精良、外形美观，如马王堆汉墓出土的彩绘鹤纹漆匜，它除了具备实用功能之外，在造型、纹饰以及色彩方面的设计都让人赏心悦目。对文化创意产品而言，如果产品的审美性得到提升，那么其对消费者的吸引力以及消费者的购买欲望也会随之提升。因此，在现代文化创意产品的设计中，一定要充分利用色彩、材质等装饰要素，使产品具备更强的审美性。

三、楹联美学

楹联也称作"对联"，它属于在民间广为流传的一种民俗文化形式。楹联包含上联和下联，人们一般会把上联和下联对称贴在某个空间、事物的两侧，有的时候因为视觉、具体场合需要，还会增加横批，这样就可以构成一种具有对称效果的整体艺术。从楹联的文学形式上来看，它的上联和下联声律平仄协调、字数一样、句读节奏相同、内容相关、词性结构十分相似。楹联中包含物体相生相反、两面性的矛盾观，这个观念主要出自中国传统哲学；从楹联内容的角度来看，不管是注重文人雅士的言志、抒情、怀人、叙事，还是注重民俗仪式意义，都蕴藏着人们崇尚美、善的价值取向；除此之外，楹联还是一种艺术的综合体，它不但把雕刻、文学、书法融为一体，而且着重提到了尺寸关系、色彩、质地等视觉词汇之间的搭配、组合，所以，楹联还是具备传统韵味的一种空间装饰品。楹联这种特殊的艺术形式，从内涵、表征等方面，体现出我国传统的审美思维共性，也就是人们对和谐美的向往。

现如今，随着文化创意产业的迅速发展，设计者们正在努力从传统文化活动中找到新的设计亮点。文化创意产品的灵感来自于文化，所以，它也具备相应的文化附加值，这是它和其他种类设计产品最大的差别。在传统文化中，楹联是一种非常独特的艺术形式，它把艺术表现形式、文学内涵加入文化创意产品的设计开发过程中，这样不仅能给文化创意产品的独特风格、文化理念带来新的思维方式，还可以通过设计创造性地转变文化元素。文化元素经过转变，就能够以新的形式传播出去，这种新的形式和现代生活形态相符，同时，还能促进楹联文化的发展、传承。

不过，不管是义化创意产品以楹联为设计创新点，还是楹联以文化创意产品为载体来进行创新，在设计前都要进一步了解楹联，然后再根据楹联的美学特征，结合合适、科学的手法展开创作，传播文化信息，内外兼修，这样该种类的产品才会具备文化灵魂。

（一）以文学审美为内涵

楹联的文学性展现了它最本质、最深入的审美价值。楹联其实是诗词的衍生品，它的诗性语言美不但可以展现出中华文化，而且反映了中国人对美好事物的追求、对生命的赞美、对自然的崇尚等，因此，楹联受到了人们的欢迎，从而广为传播。

从设计层面来讲,把楹联和文化创意产品结合起来,楹联就可以产生较强的画面效果。文化创意产品设计可以在这种画面效果的基础上,从设计想象拓展到设计素材的提炼、选取,之后通过整合产品的使用功能、设计语汇,将文化内涵在产品中具备的审美意义体现出来,从而将楹联具备的文学优势充分展现出来。设计者在构建设计理念的时候,不仅能够从广告作用的角度入手,把表现楹联内涵的文字信息提炼成象征性符号,再应用到各类有关产品设计中,还能从功能角度入手,设计出楹联形式的文化创意产品。在设计文化产品的过程中,还可以从楹联的内容中提取跟色彩描述、具体事物形象有关的词语,并根据色彩、比例、构图等形式美的原则,体现出图文的结合,将楹联具备的文学审美优势充分发挥出来。

在设计产品的过程中,楹联具备的文学趣味性是可以重塑产品功能、形态的关键因素。在意识方面,楹联具备教化功能。要想将意识形态外化,创造出具有新内涵的文化创意产品,就不可以简单地利用常规技法复刻联文,设计的趣味性是最好的创意方式和链接方法。加强联文在文化创意产品中的趣味性,不仅可以利用互动的方式实现外化抽象概念,还可以让人们产生愉快的感受。例如,许多设计者在设计招贴广告的时候,就非常喜欢用加减法、拆分汉字的部件。像"多"这个字,本身指的就是多而有余,但设计者为了更加形象地体现设计意图,通常会在笔画上多加几个点来强调这个意思。如果把楹联文学修辞手法(比如并字、拆字等)和视觉修辞方法融合在一起,并把融合之后的手法使用在产品的拆分、黏结、组合等形态结构的设计中,就可以让人们对楹联创意产品形成更深的文化印象,从而实现相互辅助的效果。

另外,建设楹联设计素材库是创作楹联文化创意产品的一个重要环节。楹联的内涵十分丰富、题材十分多样,联语的种类不同,其文化内涵也会有很大的差别。比如,景区使用的楹联作品,在内容上可以叙述故事、描绘景观、激励志气、表达情感。在素材库中,可以按照产业、文化方向,对各种联语素材进行分类,能更好地满足现代产品各种使用方向的需求。

(二)以书法审美为表征

随着文化创意产品对民族代表元素的深入研究,书法艺术被广泛运用到了广告、包装、书籍中。比如,在《长沙马王堆汉墓》这本书中,不仅书的封面具有丰富的文化内涵,篆字书法在书中的使用也非常多。这本书蕴含着典雅的气质,这种气质不仅体现在其丰富的内涵上,还体现在书法家对其题名上。虽然楹联书法被囊括在书法的范畴体系中，但它也具有独特之处。

首先，楹联书法使用的风格、字体十分多样化。虽然楹联书法最常用的是隶书、楷书等正书字体，但有的时候楹联书法也会用到草书、行书，在一些比较特殊的场合还会用到篆书、金文。用行草书写的楹联主要表现的是率性，这种楹联更适合体现作者的情感内容；楷体书写的楹联重点强调的是中正之风，这种楹联更适合用在比较正式的场合；用篆隶书写的楹联不仅带有一种庄重、质朴的形式感，还具有高雅古朴的意蕴。楹联因为有了各种书法风格的帮助，才使人们更加直观地体会到质朴、高雅、情趣、刚直的意境，楹联的内涵也更加表征化，因此，书法风格的多样性是楹联艺术的一种魅力。

其次，从视觉传达层面来讲，图形和有规律的线条组合起来，会形成视觉上更强烈的冲击力，大脑就更容易接受相应的内容。而楹联内容的连续性和其对称形式的书法风格巧妙结合在一起，可以形成规律性造型结构，而这种结构容易引导视觉动线。

在技法方面，楹联书法还有以下四个特点：第一个特点指的是用笔方面，粗笔比细笔使用的次数多、平笔比斜笔使用的次数多、点画间断笔比连笔使用的次数多；第二个特点指的是结体方面，正体比斜体使用的次数多，正书偏于平画宽结，篆隶多于平画宽结；第三个特点指的是墨法方面，干、枯、浓、淡、涨等都是书法对联的墨色体现；第四个特点指的是章法方面，强调上下对称，凸显行气。从楹联的用笔、结体来看，它具有非常好的视觉识别力，而墨法的多样性，使它的视觉表现形式变得越来越丰富，楹联书法在表征方面的特点就是对称的章法。现代文化创意产品可以根据楹联的这些特点展开进一步的设计。所以，楹联可以在书法中提取相关设计元素。以篆书楹联为例，篆书楹联具有十分独特的笔画风格，在对它进行艺术化的处理、设计后，篆书楹联就能够变成具有古典风格的文化创意设计作品。除此之外，楹联借笔、减笔等书法技法，给楹联的艺术化加工、符号化重组带来了依据。在此前提下，再和图案进行组合，就能获得全新的设计风格。

最后，如果书写者是远近闻名的书法家，那么他创作的楹联就不只是文字造型的视觉审美属性和联语内容的文学属性相结合那么简单了，这种楹联会具有更多的人文价值。

（三）以装饰审美为媒介

文化创意产业包括设计、加工、销售等多个环节。在设计文化创意产品的过程中，物料和设计理念的磨合十分重要。因为文化需要借助合适的使用方式、材料载体，才可以把隐藏的内容传递出来，才可以引导人们在心理活动中，把各种信息联系在一起。

楹联和单纯的文学作品不一样，楹联不仅具备实用价值，它还得跟载体结合在一起才能进行展示，从而提高环境空间的文化氛围，其实就是我们所说的"书卷气"。承载楹联文本的主要材料有竹、帛、木、纸等，除此之外，在创作过程中，还会使用到雕刻、石工、木工、装裱等工艺。物质技术与物质功能产生的综合作用，是文化创意产品可以和楹联结合在一起的重要物质基础。不过，因为一部分材料是具有地域特点的，如果把地方独有的艺术品类型或材料跟楹联里有关地域文化的内容表述结合在一起，创造出个性的文化创意产品，就能提升当地文化标识的辨别程度。比如，徽州人历来注重经商、读书，在徽州古民居贴挂的楹联中，也经常会有经商、教育的内容；"月""箫"是象征扬州风景风雅、灵动的特殊文化符号，古今文人在创作跟扬州风景有关的楹联时，就经常会使用到"月""箫"。文化底蕴的不同，让两地的楹联作品具有独特的地域标签。因此，这两个地区的代表性文化产品也有一些不同，徽州的代表性文化产品主要有笔、墨、纸、砚等文房用品，扬州的代表性文化产品主要有刺绣、漆器、玉器等。设计者在创作文化创意产品的时候，要把文化产品和当地的文化内涵结合起来，再利用当地具有代表性的材料进行制作，这样就能升华楹联文化创意产品的整体审美。

因为楹联来自中国的诗词文化，所以它是我国独有的一种文化艺术形式。楹联将古代文化、传统文学中包含的多种内容与表现方式有机结合在一起。楹联的审美独特性有十分丰富的表现力、文化价值。在创意设计的实践过程中，把生活产品和楹联文化结合起来形成的文化创意产品，不仅可以提升生活的品质，还可以宣传中华民族的优秀文化，促进楹联文化的推广。

第二节　文化创意产品开发设计中的生活美学

一、中国传统文化中的古典生活美学

中国传统文化内涵丰富，历史悠久，它具备很强的综合性、包容性。中国传统文化是历史的遗产，它见证了社会的变迁。中国传统文化主要包含风俗习惯、民族发展历史、书法绘画、风土人情等物质和非物质形式的人文资

源。庄子曾提道："天地有大美而不言。"庄子在几千年前就提出了"美学存在于生活中"的观点，这样的观点一直延续到现在。生活、艺术中已有上千年的美学"秘密"，不过，在现代生活中，生活与艺术之间的关系已不再平行，美学元素在日常生活中悄然发酵。这就意味着，美感以更多样化的形态出现在社会的每个层面中，就算生活中微不足道的小事，也会具有美的作用与元素。

生活美学来自生活。生活美学的真谛，就是"生活不要奢华，而是要过真正有感觉的生活"。对一部分具备高度美学修养的人来讲，他们不仅会陶醉在美感中，还更易接受生命，步入更超脱的世界，也就是"从悦耳悦目之美，进入悦心悦意的境界"，这就是中国道家思想对美的看法。①

在古代，"艺"和"术"之间有不可分割的关系，深深植根于日常生活中，并在日常生活中得到表达。传统美学理念具备的生活化特质，对几千年来的中国传统艺术造成了深刻的影响。

目前，随着大众文化的发展和兴起，"审美生活化""日常生活审美化"变成了美学现象的日常存在，美学与生活的边界正在慢慢消失。就审美体验、审美接受而言，社会世俗化环境下的大众美学就是生活美学。就物质层面而言，所有行业都无法脱离美学的影响，电影动画、建筑设计、时尚服装、广告媒体等，都体现着美学。在社会大众的日常生活中，美学无处不在。就精神层面而言，人们的自我个体、内在精神，也都印上了审美化的烙印。需要注意的是，生活美学的内涵趋向于"日常生活审美化"，它更注重描述从精英文化向大众文化的转变、当代文化的视觉转移和由此产生的审美感官愉悦性。

其实，生活美学是一种广义的艺术。生活美学是由生活中的感受、体验慢慢积累形成的美感经验。生活美学是具有个人特点的一种风格表现及生活态度。生活美学和中国传统文化一直保持着相互影响的关系，两者密切相关、相辅相成。"中和之美、自然之美、素淡之美"是中国古典美学一直倡导的内容。在世界美学领域，这也是中国古典美学的独特之处。不管是雅俗转化、大俗大雅，还是雅俗共赏，它都给民间艺术、高雅艺术创造了内部交流的渠道。石匠、农民也可以在建设园林的时候，制造出天机野趣；隐士们也可以在砍柴、担水的时候，感受到当地的乡土风情。

日常生活中的审美和中国传统的古典美学紧密相关。在中国古代的民

---

① 单良.生活美学中的家居文化创意产品[J].艺术教育，2021（8）：241-244.

间，就有很多用生活用品制作成现代艺术品的例子。用生活用品制作形成的工艺品，充满了民间艺术质朴的生活美学观及文人雅士的高雅品位。这些现代艺术品通过器物的形式，将古代劳动者的生活审美情趣、精湛技艺完美地展现了出来。比如玉器、石器、青铜器、陶器、刺绣、丝绸、竹器、藤器、瓷器、漆器、金器、木器、铁器等，日用品的工艺制作和民间美学的巧妙结合，充分展现着民俗习惯的延续性与传统文化内涵。百姓日常用品里也充满了文化之道，这强化和壮大了传统审美品位的根基。

从古至今，"幸福和美"一直是民间百姓日常生活审美的主要价值观。"福禄寿喜"是民间艺术作品的主要创作主题，"吉利祥和"是民间生活的主要审美追求。通过"字形相似""文字谐音"的方式，建立了和"世俗生活以及幸福"相关的祝福、吉兆，从而为只具有实用价值的工艺品创造了想象的范围和象征意义的来源。只有在特定的社会文化背景下，才能理解、解释特定的文化现象，如中国传统年画里"五福捧寿"的蝙蝠形象、大吉大利的雄鸡荔枝图、"马上封侯"的骑马猴。其中，"尊贵吉祥"的龙的形象最为经典。但在西方语境中，人们把代表丑陋的巨型爬虫、代表邪恶的怪兽视为经典。由此可见，文化背景和审美取向紧密相关，古代民间艺术作品蕴含、传承着中国传统文化中的古典审美元素。

二、生活美学在文化创意产品开发设计中的作用

其实，现代设计指的就是在解决人和物生存关系问题的基础上，使用最方便的生产方式、最先进的科学技术，最大限度地实现人们在心理、生理方面的需求。科学技术可以满足人们的设计发展功能需要，至于怎样让产品满足人们生理与心理方面的需要，还是一个有待解决的问题。

通过对文化创意产业的美学分析发现，文化不仅是大家对生活的最好总结，它还是对社会发展历程的感叹、理解。现如今，文化创意产品还是对生活细节的描写。要从美学的方向，深入研究、探讨文化创意产业的发展趋势。不过，文化创意产业不同于其他产业，文化创意产品不仅可以引领社会的市场发展方向，还有非常强的时效性。因此，要从根本审美入手，才能把准文化创意产业的脉络。

文化创意产业从审美方向出发，不仅可以让有关产品具有市场优势，还会让有关从业者根据美学根本来设计产品，这样设计出的产品美学价值就会更高。黑格尔从宏观角度把美理解成"理念的感性显现"，把美学的对象局限在"绝对精神"的情感表现中；把美学归入客观唯心主义范畴；在美学研

究的对象中，自然美、社会美被排除在外。这是因为，一方面"纯粹思考性的研究如果闯入"，就会破坏美学的结合和艺术的美；另一方面，"想象及其偶然性和任意性——这就是艺术活动和艺术欣赏的功能——是不能归入科学领域的"。目前，在设计文化创意产品的时候，不能把自己的直觉、感觉放在首要位置，不然就会对美的体现造成影响。

第六章　现代艺术设计推动文化创意产业发展

第一节 我国现代文化创意产业的发展与价值

一、我国现代文化创意产业的发展

进入 21 世纪以来，我国各地区文化创意产业得到快速发展。文化创意产业一方面推动了城市经济发展、文化繁荣，另一方面成为城市的亮丽名片，提升了城市的品位和形象，带动了就业。因此，我国的大城市都高度重视文化创意产业的发展，其中北京、上海、深圳、天津、广州、重庆、杭州、长沙、大连、哈尔滨、西安、成都、昆明等地的发展尤为迅猛，成为文化创意产业发展的核心城市，北京、上海、广州、深圳、长沙等城市更是成为全国文化创意产业发展的龙头。

（一）北京文化创意产业的发展

自 2005 年开始，北京的文化创意产业就开始进入蓬勃发展的时期，北京也将文化创意产业的发展看作重要的发展战略，认为这不仅可以提高人们的创新能力，而且对于创新型城市的建设也有巨大的推动作用。众所周知，北京是我国的政治和文化中心，不管是在科研、人才，还是在市场、信息等方面，都有着非常大的优势，每年在文化创意产业上创造的产值都蔚为可观。然而，任何产业的发展都有制约因素，文化创意产业也是如此。

北京的文化创意产业，其发展特点是集聚式的：北京市政府认定了 30 个文化创意产业集聚区，并且分成 4 批完成认定，它们是促进创意产业发展的中坚力量。这些集聚区并不是只在某一个或几个区里，而是广泛分布在 16 个区，其中集聚区最多的当属朝阳区，共有 8 个集聚区，其次是海淀区，共有 3 个。从地理分布上看，这些集聚区主要分布在主城区内，一些偏远的区基本上只有 1 个集聚区。2014 年，北京市政府又在以前认定的集聚区的基础上推出了新的规划。2018 年，中共北京市委、北京市人民政府印发的《关于推进文化创意产业创新发展的意见》中提出，要围绕建设充满人文关怀、人文风采和文化魅力的中国特色社会主义先进文化之都，培育一批世界知名的文化团体和创意人才，推出一批有深远影响力的文艺原创精品，形成一批有示范引领作用的行业龙头企业，建成一批有核心竞争力的产业集聚区，打造一批展现中国文化自信和首都文化魅力的文化品牌，构建统一开放、要素集聚、竞争有序的现代文化市场体系。使文化创意产业发展结构更趋合理、文化创新引领作用更为突出，建成市场竞争力强、创新驱动力足、文化辐射力广的文化创意产业引领区。

（二）上海文化创意产业的发展

在我国，第一个完成文化创意产业发展的城市就是上海。在具体的实践中，上海的文化创意产业在不断的突破和创新中稳步发展。总的来说，上海的文化创意产业一直是我国众多城市中的佼佼者，始终处于领先地位。具体来说，主要体现在以下几个方面：第一，产业规模不断加大，产业结构持续优化；第二，产业载体越发多元，并且出现很多大的项目，逐渐呈现出品牌和集聚效应；第三，行业活力不断增强，呈现出各种大、中、小企业共同发展的局面；第四，产业空间布局呈现出产城融合的趋势。

文化创意产业发展迅猛，正逐渐成为上海新的支柱产业，产值逐年攀升，为上海的经济发展做出了重要贡献。2020年，上海文化创意产业发展稳健，全年实现总产出 20404.48 亿元人民币。

（三）深圳文化创意产业的发展

深圳是我国发展文化产业比较早的一座城市，2003年就已经将其列入四个支柱产业之中了（其余三大支柱产业是现代金融业、高新技术业和现代物流业）。在市场、科技和产业三方面的优势下，深圳探索出了一个适用于文化产业发展的新模式——"文化＋"模式，该发展模式不仅对经济转型和升级具有一定的促进作用，而且在结构调整方面也发挥了重要作用。

近年来，深圳一直坚持创新驱动发展战略，围绕"文化＋"培养新型业态，致力打造知名品牌和企业，提升文化创意产业发展的质量和水平。

文化创意产业在深圳经济发展中占据重要位置。2004年，深圳基于文化创意产业提出了"文化立市"的发展战略，在以后的13年间，该产业始终维持平均20%的增速，使得深圳成了我国文化输出的重要城市和基地。2018年，深圳文化创意产业的产值第一次超过了全市GDP的10%。2021年，深圳市起草了《深圳市文化产业高质量发展规划（征求意见稿）》，该稿提出通过增强两大核心动能、强化五大发展支撑、实施四大行动、打造十大增长极，形成深圳文化产业高质量发展体系。此外，还制定了《深圳市培育数字创意产业集群行动计划（2022—2025年）》，强调对一些重点企业、项目进行梳理，并明确了数字创意产业的任务、发展目标，提出了一些举措，确立了"一核一廊多中心"的产业布局，初步建立了"六个一"工作体系，大力招商引资。在这样一系列举措的实施下，深圳文化创意产业的发展取得了一定的成效。

二、我国现代文化创意产业的价值

（一）有利于推动产业结构调整，促进产业结构优化升级

中华人民共和国成立70多年来，特别是改革开放40多年来，社会经济发生了翻天覆地的变化，人民生活水平有了极大提升，社会生产力也得到了极大的解放。回顾我国经济结构调整历程，可以看出，我国产业结构经历了明显的阶段划分，即由中华人民共和国成立之初的"一二三"产业结构，转变为"二三一"产业结构，再到现在的"三二一"产业结构。这是由我国社会生产力的发展水平和发展阶段所决定的，是经济发展的内在规律使然。中华人民共和国成立之初，社会经济百废待兴，各项事业都在寻求不断调整，社会生产力亟待提高，作为发展中国家，工业和服务业得不到很好的发展。直到1952年，确定了以建设重工业基础为五年计划的中心环节。由此，"一五"计划开始实施，重工业成为当时我国发展的重点，五年建设的基本任务是为国家工业化打下基础，建设方针是以重工业为主、轻工业为辅。为恢复生产和发展，第二产业开始占据主导地位，并开始转变经济结构。改革开放之后，这种优先发展重工业的发展思路不再适应市场经济的要求，而转变为以发展轻工业为主。直到2013年，第三产业增加值增长8.3%，此时第二产业增加值增长7.8%，第三产业增加值首次超过第二产业。至此才实现了我国产业结构由最初的"一二三"向"二三一"转变，并逐步过渡为"三二一"的发展态势。

文化创意产业是典型的第三产业，发展文化创意产业能够有力带动传统产业优化升级。创新为优化产业结构提供源源不断的动力，表现在推动产业结构高等化，也就是推动第一、二、三产业的内部结构从低级到高级层层递进，将文化和科技含量注入三个产业当中，使第一产业也就是农业实现现代化、科技化和创新化，延伸产业链条，由农业种植、养殖向休闲旅游、创意

等方向发展；使第二产业的创新性不断提高，并增加其文化内涵，从以往的中国制造向中国创造转变；使第三产业发生裂变，从而形成多个新的产业集群，使其增加值得到大大提升。

从文化创意产业的发展形式来看，它是一种高附加值、低能耗、低污染的产业，加快推进文化创意产业的发展，与我国现阶段经济发展方式的转变是一脉相承的。文化创意产业对改变经济发展方式具有一定的促进作用，并且可以使经济的运行水平得到提升。两者强调的都是改进结构和质量，将以前高消耗、高投资和高污染的发展形式，转变为高技术、高收益、高附加值的发展形式；从以前只注重经济增长指数转变为强调社会、经济、环境三者结合的综合指数；摒弃以往只追求积累高财富、高物质的发展，逐渐转变为注重精神和社会福利需求；从单纯地注重资金、技术等生产要素转变为注重知识、制度与结构；从短时间的粗放式发展转变为长期的集约型发展。所以，促进文化创意产业的发展是加快转变经济增长方式、实现经济可持续发展的重要途径。

（二）有利于加快文化建设步伐，促进文化产业繁荣发展

文化创意产业属于文化建设的重要内容，对补充和发展文化产业具有重要作用。随着社会的进步和经济的发展，人们已经不仅仅满足于对物质生活的追求，更注重对精神层次的追求。这种追求促进了人们对能动意识的转变。由于人的自觉性、自愿性的不断增强，人们开始强调独立和自由，并且开始不断强化人的主体意识，更加注重对生存、政治、发展、文化等权利的追求，尤其是人们参与文化生活、分享文化成果等的文化权，人们的追求开始慢慢上升到精神层面。

发展文化创意产业，是不断寻求文化建设与社会建设和经济建设相协调统一的重要途径。文化创意产业的经济文化价值推动经济建设，能够解决某些领域的道德失衡问题，同时，对于人文素质降低、低俗产品盛行等问题的解决也有一定的积极引导作用。对于文化创意产品而言，其最大的价值就是它具有社会效应，它虽然是以物质产品的形式存在，但却传达出一定的精神价值；它代表的是人类的智慧和人类的创新性，也是个体和社会发展进步的标志；它蕴含的生活态度和人生价值观是健康乐观、积极进取的，它对于提升人的精神境界具有潜移默化的影响。

（三）有利于提升城市形象，形成对外竞争优势

城市形象是一个城市的名片，是其形成对外竞争力的重要表现。强化城市形象建设，有助于推进城市发展和形成对外影响力。文化创意产业是一个系统工程，并不是由单一产业或单一部门形成的，需要形成集聚效应。随着后工业化时代的到来，信息产业、科技产业、文化艺术产业等都将成为未来支撑服务业的关键产业。城市在生产、生活方面的功能也将发生改变，慢慢变成以服务功能为主的信息服务、管理决策的中心，然后促使城市从以往的制造业转向服务业，使传统城市转变成信息城市，使城市以往的单一性功能发展成多元化的功能。就如今的全球局势来说，很多城市都是以文化著称的，如圣彼得堡、墨尔本、佛罗伦萨、巴塞罗那等，这些城市都以综合功能为主导，已成为文化创意的中心。从空间范围上讲，文化创意产业对于相关产业的发展还具有一定的带动作用，形成组团、集聚模式，并且由原来的静态空间转向多维空间结构。

文化创意产业就是在这样的发展过程中，通过发展经济、文化、艺术等各种形式形成文化创意集群、文化创意产业社区等，以此成为带动城市发展的名片，成为城市的特色品牌，支撑起充满活力的城市。与此同时，文化创意产业的这种集聚效应会逐渐扩散，由城市向城市群扩展，这种空间上的转变有助于扩大城市影响力。

文化创意产业有助于推动城市的更新与升级，提升城市的形象，如当废弃的建筑或者工厂被重新雕琢利用时，城市便得到了有效的升级，成为文化创意中心。纽约的转变、曼彻斯特的形成都是由于文化创意产业的发展，让原本衰落的城市重新获得了生机。发展文化创意产业，不仅保护了城市的文化生态，而且传承和延续了城市的文化历史风貌，使老旧城市焕发新的活力，成为世界卓越的创意和文化中心、开放多元的国际文化都会。

文化创意产业有助于打造城市品牌，形成城市核心竞争力。以北京 798 艺术区为例，这个位于朝阳区酒仙桥街道的艺术区，原来是国营 798 厂等电子工业的老厂区所在地，是 20 世纪 50 年代由苏联援建、民主德国负责设计建设的重点工业项目。但是，伴随着北京都市化进程和城市面积的扩张，原来属于城郊的大山子地区已经成为城区的一部分，原有的工业外迁，原址上必然兴起更适合城市定位和发展趋势的无污染、低能耗、高科技含量的新型产业。为此，"798" 开始寻求创新，自 2001 年以来，一些北京和其他地区的艺术家逐渐集聚 798 厂，他们以独到的眼光察觉到在这里从事艺术活动具

有很大的优势，他们将原有的厂房风格充分地加以利用，在稍微修饰与改良后，使这里成为独具特色的进行艺术创作和展览的空间。如今，已经有大约200家从事与文化艺术相关的机构来到了该区域。这也成为典型的文化创意产业带动地区经济发展，形成对外宣传名片的有力证据。

（四）有利于增强国家软实力，提高国际竞争力和影响力

文化已经成为这个时代各国抢占的高地，文化是一个民族或地区内在的精神，对于推动地区社会经济发展具有重要作用。发展文化创意产业，不断发掘和创新我国传统历史文化和民族文化资源，以中华民族的社会主义核心价值体系为精神载体，以文化创意商品为物质载体，以社会规范、政策法律为制度载体，以鲜明的地域和民族特色的生活方式和风俗习惯为行为载体，是提高我国文化软实力的重要途径。我国拥有5000多年的悠久历史，对优秀传统文化的继承和创新，有助于重塑我国在国际竞争中的形象。大力发展文化创意产业，将中华优秀传统文化植入其中，能够提升国人的文化自信，使国人重新认识中国文化，承担起传播文化的责任，探索文化精神。文化创意产业的发展，促进了相关产业的形成，加强了与世界各国的联系，在宣传自身的同时，将文化进行输出，增强其他国家对本民族文化的了解与认同，更加有助于提升国家或地区在世界竞争中的地位和影响力。

第二节　现代艺术设计与文化创意产业的融合

一、现代艺术设计与文化创意产业的关系

（一）艺术设计是文化创意产业发展的依托

艺术设计教育可以对个体的思维进行启发，同时，它也能使个体的创造力与整体素质得到提升。文化创意产业要想得到更好的发展，必须以艺术设计为基础，它能够为文化创意产业带去思想资源，并且从智力和人才方面对产业发展提供支持，为促进产业结构优化、产业规模扩大提供人才保障。早在1998年，英国的创意产业工作小组就对创意产业的内涵进行了明确："源于个人创造力、技能与才华的活动，而透过知识产权的生成和运用，使其创造财富并促进就业。"比如，深圳市是我国第一个提出"文化立市"战略的

城市，并且就文化创意产业制定了首部地方性的法规；此外，还设立了专项基金用于该产业的发展，并且对创意设计行业、动漫游戏行业进行大力扶持，促使深圳市从以往的"文化沙漠"逐渐变成了"设计之都"，文化创意产业也成了该市的四大支柱产业之一。由此可见，人才的力量是无限的，任何产业的发展都离不开人才提供的巨大能量。对于我国来说，文化创意产业属于新兴产业，虽然我国起步较晚，但是发展速度却十分惊人。据统计，截止到2020年，上海共认定了149家市级文化创意产业园区。2022年，北京市文化创意产业园区的数量为160个。目前，对于我国文化创意产业来说，最重要的工作就是培养出更多具有高文化素养、高思维能力和创新能力的综合型人才。

（二）艺术设计创新人才是发展文化创意产业的核心

在如今的知识经济时代背景下，社会发展的首要资源就是人才，而高校是从事人才培养工作的关键场所，因此也承担着培养创新型人才的伟大使命。如今全球经济都在飞速发展，物质财富也在不断增加，所以，文化产业也越来越被人们重视，党和国家的重大任务就是坚持人才强国的发展战略。高校在艺术设计教育方面必须紧跟目前文化创意产业发展新形势，转变办学理念，以适应社会的发展需求。要抓住专业的定向性、敏感性、开放性等特点，结合新形势下的要求，对教育观念进行革新，对以往陈旧的教学模式进行改进，坚持新时代的教学理论，将理论和实践结合起来，让学生树立创新意识，从整体上提高学生的创造力，并积极探寻和尝试培养具有创新能力人才的新渠道。通过这些努力，才有可能培养出更多富有文化见识、审美素养、创造力和想象力的综合型人才，从而推动文化创意产业又好又快发展，为我国的文化创意产业甚至是整个世界的文化创意产业做出更多的贡献。

二、现代艺术设计与文化创意产业的创新

（一）探索创新模式与途径

从艺术设计教育的角度来说，文化创意产业为其发展创新带来了新的契机，在以前，虽然现代艺术设计以及相关的设计产业也在我国取得了很好的成绩，但是，都没有因此而产生现象级的成果。导致这种情况出现的原因主要是以前我国的文化创意产业还处在萌芽阶段，而且，在宏观的发展背景下，现代艺术设计的发展也遭遇了缺乏创新动力的困境。当前我国的经济

结构急于优化，国家对文化创意产业也越来越重视，因此，一定要抓住这一机会，促使文化创意产业得到更好、更快的发展。同时，在这一形势的要求下，现代艺术设计也迎来了创新、发展的机会。具体而言，文化创意产业的发展从两个方面为现代艺术创新提供了条件。

第一，随着文化创意产业的发展，一批又一批的人才将被吸引到该行业当中。如果某个行业发展得很好，势必吸引很多人参与到该行业当中去。在以前，文化创意产业的发展还不成熟，很多人可能对其都没有什么信心，所以，很多管理人才和专业的设计人才都不想进入该行业中，由此便出现了前面说到的没有可用人才的局面。近年来，这样的局面发生了根本性的转变，人们发现了文化创意产业的发展前景，都非常愿意加入这一新产业当中。于是，很多人才都涌入该产业中，使其拥有了一定的人才基础，这也使得艺术设计行业被注入了新的活力。这是由于新加入文化创意产业的人才，不管是在技能、思维方面，还是在经验、创造力方面，都可以为艺术设计行业的发展带来很多便利。这样一来，艺术设计的发展创新之路就会越走越好。

第二，文化创意产业发展会产生集聚效应，这种效应对现代艺术设计的创新和发展具有一定的推动作用。集聚效应带来的力量是不容小觑的，对于文化创意产业来说，这一点体现得更加明显。近年来，我国出现了很多文化创意企业，在它们的不断交流与发展下产生了集聚效应，使文化创意产业的发展道路更加畅通。同时，在各个企业的合作交流过程中，也出现了更多创新的火焰，在现代艺术设计行业，这一点表现得尤为明显。在新鲜血液的融入下，人们经常就艺术设计行业中的一些问题进行沟通和交流，因为每个企业在经营的业务与人才结构上各不相同，所以更容易迸发出很多新思路和新创意，而这恰恰是原来现代艺术设计行业缺少的东西。由此可见，因文化创意产业的发展而形成的集聚效应对于发展艺术设计行业有着很强的实际影响。

（二）加大艺术设计创新人才培养力度

不管是在什么时代，都应对人才培养问题予以重视，现代艺术设计行业也不例外，同样要注重人才的培养。虽然在过去的时间里，教育部门及企业都花费了很多的时间和精力去培养艺术设计类的创新型人才，但取得的效果却不尽如人意。分析其原因，不仅仅是教育策略上出现了一些问题，最重要的原因还是时机不对。当时文化创意产业还处在萌芽阶段，人们对文化创意产业与艺术设计的发展没有明确的规划，在这样的情况下，人们自然对其没有什么兴趣，更别说冒险进入这一行业了。于是，在这样没有清晰蓝图的情况下，高校在教学和人才培养上，就会出现教学内容和课程设置与行业日后发展不相符的现象。因此，即使为了该行业的发展投入了大量的资金和资源，但学生实际学到的东西却无法施展，没有机会在实际生活中应用。目前，文化创意产业得到了长足发展，大家对这一产业的未来发展路径有了比较清楚的认知，同时对现代艺术设计以后要朝着什么方向发展也有了更加深刻的理解。此时再去加大相关人才的培养力度，就会使其应有的效用得到发挥。

（三）汲取传统文化的精髓

虽然现代艺术设计所使用的主要元素和构成要件都是现代艺术门类中的内容，但是推动其创新和发展的重要动力却是对我国传统文化精华部分的汲取。而且，在生机勃勃的文化创意行业里，就有很多的组织和企业将目光锁定在传统文化上，想要将传统文化中的一些元素进行活化与创新，然后运用到产业发展中去。这些企业独到且长远的目光也十分值得现代艺术设计行业的一些企业去学习。在以前，现代艺术设计走创新之路时忽略了传统文化蕴藏的巨大能量，甚至该行业里的部分人觉得传统文化和现代艺术设计毫不相关，根本不能结合或者搭配在一起。但实际上，很多勇于尝试的企业已经把传统文化的元素运用到了产品设计中，并且取得了一定的成果。他们在把传统文化元素运用到艺术设计中后，创造出了很多与市场上流通的产品差别很大的新产品，这样的新产品带给人们耳目一新的感觉，于是很快得到了大众的追捧。例如，有的现代艺术把传统绘画的技艺融入现代的绘画技艺中，运用这种不仅带有时代特色又颇具民族特色的装裱技术代替以前的制作工艺，从而创造出让人眼前一亮的绘画作品。这类充满设计感的作品上市之后深受大众好评，使得销售额不断上涨。又如，有的企业在艺术设计中融入了敦煌壁画的元素，带给人视觉上的美的享受。由此可见，如果在现代艺术设计中融入传统文化的内容，所获得的效果将是难以想象的。同时，两者的交融与普遍适用的要求也是相符的。这是因为我国的传统文化有着十分丰富的门类和内容，能够供现代艺术设计使用的资源不可胜计。该行业的企业如若好好利用这一资源，势必会推动艺术设计领域的发展和进步。

文化创意产业的腾飞使现代艺术设计迎来了很好的发展机会。现代艺术设计在进行创新时一定要注意坚持适用性、实用性这两个原则，然后抓住发展契机，并在产业集聚效应下，努力探寻出可行的发展新模式和新道路。加大人才的培养力度，充分利用传统文化资源，使现代艺术设计得到创新性的发展。另外，还要向其他的国家和地区借鉴一些好的经验，并在遵循上述的两个原则的基础上总结出有效的发展策略，采取可行的发展手段。

三、现代艺术设计与文化创意产业的结合

（一）艺术设计价值体系在创意经济时代的界定

艺术设计是艺术和技术交叉在一起的，具有很强的综合性。在 20 世纪，随着现代设计的发展，艺术设计的定义就此产生。在我国，直到 20 世纪末，还没有艺术设计这一概念，而是被装潢设计或者是工艺美术所代替。如果一定要对艺术设计的产生追根溯源，那么在人类第一次制作工具、第一次使用一件器物的时候，就可以看到它的身影，换句话说，艺术设计就是随着人类文明的发展而形成的。从社会的发展规律来说，艺术设计实质上就是人类基于自己的观念对大自然进行征服和改造，从而创造出人化自然的过程。概括的说法就是设计是文明的一种表现形式。在现代的产业社会里，通过艺术设计可以促使产业繁荣，从而创造出更多的价值，在不同的环境和时代背景下，艺术设计的价值体系的含义是不一样的。

1. 价值观的流变

对于艺术设计来说，我国悠久的历史中流传下来的宝贵的传统文化资源是促使其发展的宝贵资源，不过，对艺术设计的重视还只是近些年的事。在之前很长的时间里，有关艺术设计的价值体系还是单一化的，处于核心地位的是设计的审美价值，也就是装饰的视觉形式，直到 19 世纪中期，以威廉·莫里斯为首的设计者逐渐产生了大众设计和民主设计的思想。到了 20 世纪初，使现代设计教育体系得以确立的里程碑式的设计思想——包豪斯设计思想发展了起来。从此以后，艺术设计就成了人类生活中不可忽视的东西，它就像一双无形的大手，覆盖了社会、经济、文化等多个与人类生活息息相关的领域，其地位也在不断提升。相比于 19 世纪中期的古典装饰式样，现代艺术设计与产业社会的关系更加密切，具有经济性、实用性等多种特性，并且使社会、经济、文化的结构和外在的表现形式发生了根本性的变化。在 20 世纪中期，以德国的乌尔姆学院为首的学派表示，设计将科学、理智与技术进行了结合，认为艺术设计应该强调人机的对话，要将人的活动作为根本，提出要参与到新的文化建设中去，这时，艺术设计需要肩负

起促进产业发展和文化构建的伟大使命。到了 20 世纪 70 年代，后现代设计得以盛行，个性化、非主流的设计价值观念成了时代的主流，国际主义风格的设计成了人们眼中乏味枯燥的代名词。总而言之，在不同的时代，艺术设计被赋予了很多不同的使命，并且其价值体系的含义也被烙上了不同的时代印记。

2. 价值体系的构成

艺术设计的价值是设计者为实现某种预定的设计目的，运用智慧开展创造性活动，将物质根据人的需要改造成为具有一定属性的对象，以直接或间接的方式对对象的经济价值、社会价值、审美价值、文化价值等进行确认和创造，主要体现在人对社会关系的认识和对各种需要的满足。19 世纪之前还处于装饰主义时代，那个时候的设计价值只追求过分的装饰，追求美的形式，却忽略了实际的功能性。直到近现代，随着工业革命的到来，生产方式变得更加标准化，功能性的设计观慢慢变成主流，并且在功利思想的影响下，人们在艺术设计中更加关注经济效益和成本的消耗，艺术设计语言被忽视，缺少了新的表现形式。艺术设计的价值构成进入了一个面向工业化大生产的单向度的体系，人们更加关注和"物"有关的价值，并有意无意地忽视情感与文化的价值。20 世纪七八十年代后，创意产业得到了发展，艺术设计也慢慢有了多元化的价值，从而引发了专家和学者对于该领域的研究。在创意经济时代的发展背景下，艺术设计的社会、经济、审美这三方面的价值共同构成了它的价值体系。

（二）创意经济时代经济价值是艺术设计的核心

艺术设计为社会形态的进步和创意经济的发展提供了强大动力，使其在产业和经济战略上有了一定的地位。艺术设计肩负着促进经济发展的重任，对国家、企业或组织的发展也有着巨大的推动作用。如今创意经济是时代发展的主流，在全球化市场竞争激烈的背景下，很多发达国家都对艺术设计十分重视，并且为了促进艺术设计的发展，投入了很多资源和精力。

1. 艺术设计是物化的产业

如今，在创意产业里，艺术设计得到了飞速发展，现在社会、文化正面临着转型，艺术设计和国家的经济建设、物质文明建设和精神文明建设等方面都有着非常紧密的联系。站在消费与生产的角度来看，艺术设计实质上是一种物化的产业。

（1）艺术设计与生产。在经济领域，最基础的行为活动就是生产，生产和设计之间的关系就是具体化的经济与设计之间的关系。第一，对于社会生产来说，艺术设计是其组成部分。艺术设计必须兼顾生产，同样生产也要靠艺术设计作为支撑。第二，从某种角度来说，艺术设计的过程也是生产的过程。艺术设计不仅是整个生产过程的前端，而且它本身也是生产的过程，是把精神生产与物质生产融合在一起的新的生产力。在此过程中，经济价值、审美价值、文化价值得以产生，艺术设计本质上也是一种生产力。在以前手工艺盛行的年代，艺术设计还没有从生产中独立出来，工人们同时拥有多种身份，如制作者、设计者、消费者等。直到工业革命后，艺术设计才逐渐分隔出来，成了一个专门的行业和学科。不管是从艺术设计的角度，还是从生产的角度讲，将艺术设计从生产中分离出来是产业发展的体现，同时，这样的分离也加快了艺术设计的发展步伐。通过生产，艺术设计成了生产成果，并且使它的经济价值得以实现。艺术设计在创意经济时代并不以产业的形式出现，而是被当成一个构成生产的要素，被融进了各种创意产业当中。

（2）艺术设计与消费。消费是人的一项基本的经济活动，人类通过这一行为来获取精神和物质资料，从而使自己的生活需求得到满足，这是人类生存发展必经的一个环节，也是社会进行再生产的重要部分。艺术设计与消费的关系也是艺术设计与经济关系的具体化。在信息时代，大规模的标准化生产发生了变化，生产和营销开始由侧重生产者的效率和效益转向满足消费者的需要。也就是说，创意经济时代的艺术设计，实质上是消费者满足自身需要的设计。

第一，我们必须意识到，艺术设计一直是为促进消费而服务，有了需要才会有生产。在研究过西方的艺术设计历史后我们就会发现，不管是艺术设计的产生还是其发展，都是以人类需求为前提的，对人类来说，需求是永远都存在的。随着社会的发展，人类的需求越来越多元，以至于消费也变得更加多元，在这样多元化的发展趋势下，艺术设计价值体系在形态上也随之发生改变。此外，艺术设计不仅为消费服务，而且还是促进消费、流通实现的重要方法。因此，在进行艺术设计之前必须对消费和消费者有一个清晰的了解，然后有针对性地设计出与消费需求相适应的产品。

第二，艺术设计可以创造消费。艺术设计拥有巨大的能量，能够刺激人们的消费欲望，从而打造出远远超越真实需求的消费市场。如今市场竞争十分激烈，此时，企业如果能对艺术设计加以重视，它势必会成为创造消费的有力武器。

2. 艺术设计是创造价值的方法

马斯洛认为，人类的需求可分为三层：第一层是解决最起码的生存问题，满足生存的需求。第二层是对公共性的向往，也就是模仿。前两个层次主要就是对和日常生活息息相关的必需品的需求，其附加值是比较低的。第三层是属于更高层次的需求，就是自我实现和超越的物质及精神上的需求。第三层的需求是以自己的判断作为标准的，不管是对产品的需求还是对价值的需求都是与众不同的，消费者关注更多的是产品所具备的象征意义，以及产品的精神内涵。

经济学理论认为，消费者愿意支付的价格约等于消费者获得的满意度，通俗点说就是，同样的物质产品或者精神产品，如果它能够满足人们更高层次的需求，那么它的定价也将会是高的。在创意经济时代，市场竞争最激烈的往往都是一些低端产品，这是由于需求层次越低，价格也就越低，人们无法获得更高层次的追求，也就只愿意为它花费更少的金钱。在创意经济下，通过艺术设计的方法，为人类打造出更高层次的追求，目的是提升设计出来的新产品在市场竞争中的附加值和竞争力。从 20 世纪末期到现在，欧洲、美洲及亚洲的多个国家都发展到了后工业时代，很多国家都慢慢从工业经济转型为创意经济的发展，创意经济时代也可以叫作艺术设计时代，在这一时代里，很多产品都会通过艺术设计这一方法实现高附加值，而之所以能够实现这一点，是因为艺术设计可以赋予产品更多的艺术内涵，也就是根据消费者不同层次的消费需求以及经济能力开发出不同的产品，以满足不同需求层次的人的需求。

3. 艺术设计作为管理的手段

彼得·贝伦斯是德国有名的设计者，被称为"现代设计之父"，他在 20 世纪初期和本国的电器公司合作，第一次把艺术设计引入了经济管理中，将其发展为经济管理的方法，使其在历史的舞台上大放异彩。

通过艺术设计，彼得·贝伦斯打造出了企业识别系统，它为经济管理的发展起到了很大的推动作用。这个系统对企业的内部和外部都发挥着重要作用：对外它发挥了广告的作用，对内强化了企业人员的意识，展现了企业的个性。

（三）创意经济时代艺术设计的审美价值

人类对美的追求最早可以追溯到远古时期，那时候的人类从生产方式上便体现出了对美的认识和追求。比如，我们可以从出土的石器上看到一些排列整齐的小孔，在彩陶上面可以发现一些纹饰等。在创意产业迅猛发展的当下，不管是政治、经济，还是文化，都得到了很好的发展，人们对物质领域及精神领域都提出了更高的要求，对美的要素越发重视，人们急切地想要在功能需求得到满足的前提下使精神也能得到满足，从而使自己的生活品质得到提高，同时使自己的生活更具文化气息。艺术设计属于人类创造性的一种社会实践，通过艺术设计，艺术、技术及生活才得以结合。

1. 技术之美

在艺术设计中，我们所说的技术包括多个方面的内容，如产品的性能、材料、工艺等。技术之美体现的是客观的思维形态，更加注重理性的思考。经过艺术设计的产品不仅有完美的结构，同时还具备良好的性能，可以使人的情感、审美产生共鸣。除此之外，如果在进行艺术设计时采用新的材料和技术，就可以获得更高级的肌理感，这都是技术美的体现。要想实现技术之美，肯定离不开技术的发展，如今科学技术发展迅速，使技术之美在艺术美学中占据了越来越重要的位置，成了重要组成部分。

2. 形式之美

在艺术设计中，形式美所带来的审美价值也是不容忽视的。形式美不是存在于自然界中的事物，它产生于人类的生产实践，并且在历史的不断发展中慢慢成熟，最后在人类的社会生活中扎根，成了"有意味的形式"。形式美产生的过程具有长期性和复杂性，它不仅包括心理和观念的累积，还包括情绪等多个形式的累积。形式美通常由两部分构成，一是感性质料，如图形、颜色、形状等；二是感性质料间构成规律。

（四）创意经济时代艺术设计的社会价值

艺术设计的创造活动是自觉的、有目的的社会行为。艺术设计应社会的需要而产生，受社会规范的制约，并为社会服务，绝不只是设计者的"自我表现"。因此，艺术设计自产生起，即担负众多的社会责任，同时具备多种社会功能。

1. 社会可持续发展的支撑

创意经济时代不仅注重高附加值，同时也追求可持续发展。因此，艺术设计除了要注重创造价值、为产业的发展提供服务外，还要兼顾社会的可持续发展，树立可持续发展的理念。具体可从以下两个方面入手。

第一，艺术设计不仅要满足物质功能和精神功能，还要坚持以人为本的理念，处理好人与社会、人与自然的关系，在实现生产力发展和满足人类生活需求的同时，注重生态环境的保护，树立人性化的绿色设计观，为社会发展的可持续做出自己的贡献。

第二，艺术设计要以集约设计作为价值导向。高利润所产生的诱惑，可能很多人都抵挡不住，因此会为了高利润盲目地迎合大众，盲目地追求创新，做出很多与价值不对等的改变。在此过程中，很多被创造出来的大量的多余产品就会堆积到市场中，没有用武之地，这不仅浪费了大量的资源，还对环境造成了不小的破坏。因此，在进行艺术设计时，应该站在道德的高度承担一定的社会责任，在资源的利用上要充分且高效，实现人与自然的和谐共存。

2. 艺术设计是文化的外显和传承

文化的实质其实就是人内在力量的外化表现和产物，从广泛的意义上说，文化是人类通过与外在的、构成创造前提条件的环境相适应，所实现的一切生活方式，所形成的心态和行为样式，以及因这些方式和样式之需所创造的产品。简单来说，文化不但有"物"的内容，也包括"心"的内容，以及"物"和"心"相结合的内容。文化不是一种环境，而是人和环境相互作用后产生的结果，同时也是人适应自然环境、社会环境，以及人与人相互作用的产物。在人类漫长的实践发展中，产生了很多文化成果，艺术设计就是其中的一个组成部分，它在行为方式和观念上都被文化所约束。艺术设计又是文化的载体和传承者，文化可以通过艺术设计变得具体。在创意经济的时代，要使艺术设计的载体功能得到发挥，从而设计出好的产品，为我国的文化创意产品走出国门，迈向世界创造条件。

艺术设计的价值体系包括多个方面的内容，如文化、社会、经济等，而且随着时代的发展，艺术设计迎来了更快的发展，同时还增添了很多新的内容。文化创意产业对经济转型具有很大的作用，而艺术设计可以为发展文化创意产业提供强大推动力，对创意产业而言，艺术设计和艺术设计的人才是发展的核心。因此，随着文化创意产业越来越受重视，也对艺术设计行业和这个行业的人才提出了新要求。所以，要用理性、科学的眼光去看待艺术设计价值体系的含义，这样才能为文化创意产业的良性发展提供有效保障。

第三节 我国现代艺术设计与文化创意产业的发展与展望

一、我国现代艺术设计的发展与展望

（一）我国现代艺术设计的价值取向

对于现代艺术设计而言，如何正确把握其价值取向，主要体现在两个方面：第一，必须对艺术设计的时代感进行体现；第二，要强调其实践性。艺术设计的生命之本就是创新，所以必须培养和提高创新意识，注重艺术作品的创新性。另外，还要强调具有个性化的价值取向，以提高产品性能为基础，然后再将具有个性化的设计思想应用其中，使艺术设计的科技和人文文化都得到很好的发展，同时促使两者进行更好的融合。

（二）我国现代艺术设计的发展路径

1.将我国本土文化与国际艺术设计文化相融合

全球化的发展要求设计者必须具有国际视野，学习国外一些优秀的艺术设计理念，但同时还要注意把本民族的优秀设计元素应用其中，使我国的设计走向世界，为世界艺术设计的发展做出贡献。站在设计文化的角度来看，在进行艺术设计时，要围绕设计理念展开，通过把具有我国特色的设计文化和国际艺术理念相结合，打造出优秀且具有本民族特色的艺术设计新面貌。要注意的是，设计者在学习了国际上的知名设计理念之后不能照抄照搬，完全脱离了自身民族化、本土化的设计理念，这种思想会严重阻碍我国的艺术设计发展。所以，我们在学习国外一些设计理念的同时，切不可忘本，要进一步强化民族意识，从而打造出具有本民族特色的品牌。当然，不管是我国的特色设计文化，还是国外的艺术设计文化，我们都应该用理性的眼光去看待。

2.在可持续发展背景下创新研究现代艺术设计的发展

20世纪80年代，为促进现代社会的健康发展，提出要坚持可持续发展战略。而对于艺术设计发展来说，要想使其得到长足发展，也必须坚持这一发展战略，走可持续发展道路，特别是在工业设计领域，艺术设计存在着过度商业化的情况。所以，在这样的背景下，设计人员在设计过程中一定要承担起自己的职责，在满足设计要求的前提下坚持可持续发展。

可持续发展战略要求艺术设计树立绿色的设计理念，从而更好地适应现代社会发展要求。绿色设计其实就是对传统设计遗留下来的弊端进行改进，然后不断寻求环保的设计手段。此外，还要基于产品需求，围绕绿色发展的核心理念，对新的设计方法进行构思，在材料的选择上要充分考虑可降解、回收的材料，从而设计出可持续利用的环保产品，把可持续发展当成设计准则，促使现代艺术设计更好更健康地发展。

3.将个性化设计理念融入现代艺术设计中

到了21世纪，现代艺术设计也发展到了具有个性化要求的时代，现代艺术设计要符合现代的审美要求。经济社会的发展使人们在精神层面有了越来越高的需求，人们在选择一件产品时，会在其满足功能性要求的前提下选择更个性且更有设计感的产品。在个性化的设计要求下，现代艺术设计不能简单地去模仿、去跟风，设计出千篇一律的产品，而是要在设计理念中融入个性化的内容，提出更多具有个性化的设计方案，从而使设计水平得到提升。

4.将现代科学技术与现代艺术设计相互融合，促进现代艺术设计的发展

当前科学技术发展迅猛，对我们的生活产生了很大的影响。对于现代艺术设计来说，要想更好地、长期地发展，必须将科学技术融入其中，从而使现代艺术设计的发展更具创新性和发展性。现代艺术设计要把实际生活中的情感和理性聚合起来，使其反作用到现代艺术设计中去，使人们的审美意识得到全面提升。同时，如果在艺术设计中应用科学技术，也会使艺术设计更加熠熠生辉。设计从本质上讲，就是进行艺术创造，任何一种产品的设计都代表了一种艺术表现形式。因此，现代艺术设计必须基于这些要求利用科技手段寻求特殊材料，从而满足人们的各种需求。

在现代科技飞速发展的当下，现代艺术设计理念也要紧跟市场需求，把

本民族的艺术理念和国际上的设计文化结合起来，在可持续发展战略的要求下开展绿色设计，并且要树立个性化的设计理念，紧跟时代发展，以科学技术为辅助，促进现代艺术设计更好、更快地发展。

（三）我国现代艺术设计的发展趋势

1. 绿色生态设计的发展

我们都知道，工业化的发展、艺术设计的创新使我们的生活发生了很大变化，为我们的生活提供了便利，然而，这样的创新和发展对生态环境也产生了很大的消极影响。人们在自我发展的同时，必须深刻意识到环境恶化带来的消极影响，培养保护环境的意识，努力寻找有效措施改善我们赖以生存的家园，在进行艺术设计时要树立绿色的设计理念，使现代艺术设计发挥出环境保护方面的作用。

2. 人性化、情感化设计的发展

科学技术在不断进步，网络和电子设备遍布于我们的日常生活中，在这样的发展背景下，现代艺术设计的发展迎来了新的契机，有了更好的发展平台。因此，艺术设计的相关人才要紧跟时代潮流，对设计方式进行积极创新，要从多个视角对设计方案给用户的感受进行分析，使用户对设计方案产生更高的接受度，拉近两者之间的距离，使用户和设计的产品产生情感互动，并在此基础上设计出用户满意的产品。在现代艺术设计中，情感设计可以最大化表现产品形态的情感化，在产品设计中把精神层面的内容融入其中，使人们在欣赏设计的产品时，真正从内心产生共鸣。

3. 地域化、乡土化设计的发展

不同地区的生存条件势必会存在差别，因此，人们要想在无法改变的生存条件下生存的话，就会创造出各式各样的事物以满足自身需求。这些被创造出来的具有丰富形态的事物不但充分体现了人类文明，也对人类发展中的文化特性进行了反映。不管设计出来的东西是什么样的，当地的文化传统势必会对其产生很大的影响。设计者必须把自己的设计理念和传统文化相结合，这样才能使设计效果得到最大化提升。在进行艺术设计时，要敢于尝试，把中国传统文化的一些元素应用其中，这样不仅使艺术设计的理念得到了创新性的突破，还能为自己的艺术设计注入活力。

此外，还可以将科学技术融入现代艺术设计中，这样既能全面提高作品的科技性，还能为艺术设计的发展开辟出更宽广的发展道路。

二、我国文化创意产业的发展与展望

最早出现"创意产业"的国家是英国，是指源于个体创造力的技巧和才华，通过开发和运用知识产权、创造财富并增加就业潜力的产业，通常包括广告创意、建筑设计、时尚设计、艺术品和工艺品、美术、电影、音乐表演艺术等 13 大门类，它本质上就是为人们带去高层次、多元化和个性化的精神层面的体验。不管是在经济和社会领域，还是在文化领域，文化创意产业都充分展现了自身独特的潜能，为我国经济增长贡献了重要力量。文化创意产业能将我国的文化进行物化，从而展现我国的文化软实力，同时，它可以将文化资源转化成资本，是将资源优势转变为资本优势的重要渠道。文化创意产业还能使人精神上的需求得到一定程度的满足，这对于培养民族精神、民族认同感等有着一定的积极作用。2015 年的政府工作报告将"大众创业、万众创新"上升到了促进经济增长和转型的新高度。在这样的时代背景下，我国的多个领域都掀起了创新、创业的浪潮，文化创意产业也应该抓住这一机会，为我国的"创时代"贡献一份力量。

（一）"创时代"背景下我国文化创意产业所面临的机遇

1. 创业人数攀升，文化企业增多

政府不断出台一些鼓励创业的新政策，想要通过创新驱动创业，通过创业促进就业。2015 年 7 月发布的《国务院关于积极推进"互联网+"行动的指导意见》指出：要充分利用国家自主创新示范区、科技企业孵化器、大学科技园、商贸企业集聚区、小微企业创业示范基地等现有条件，通过市场化方式构建一批创新与创业相结合、线上与线下相结合、孵化与投资相结合的众创空间，为创业者提供低成本、便利化、全要素的工作空间、网络空间、社交空间和资源共享空间。在创业环境的影响下，我国每天注册的公司多达一万家，也就是说平均每分钟就有 7 家公司注册。2021 年的中国文化创意行业新增相关企业注册数量为 11464 家，营业收入为 19565 亿元。

2. 创意阶层壮大，创新氛围提升

在文化创意产业中，具有创造性的创新型人才是其发展的中流砥柱，创

新力和创新性对该行业的繁荣发展具有重大影响。我国在创时代的背景下也掀起了第 4 次的创业潮，但是，这次的创业潮与之前的几次不同，主要是在创意与创新方面进行比拼，所以，在这次的创业潮中，很多创意人才涌现了出来，使我国的创意阶层得到了发展。另外，创意追求差异性、多元化和地方特色的发展，主张去除同质化，所以，就需要很多不一样的创新型人才集聚在一起，共同打造富有开放性、多元性的创意空间，这样的空间更有利于激发出更多更好的创意。《国务院关于积极推进"互联网＋"行动的指导意见》中指出，要"以促进创业创新为重点，推动各类要素资源聚集、开放和共享，大力发展众创空间、开放式创新等，引导和推动全社会形成大众创业、万众创新的浓厚氛围，打造经济发展新引擎"。"创时代"鼓励创新等政策为创意人才营造了良好的创新氛围。

3. "互联网＋"助力，创新典范涌现

在网络飞速发展和"创时代"的背景下，很多网络人才都开始了创业，"马云传奇"等类似的创业典范就是在这样的机会下诞生并迅速发展的。网络和创意思维的运用，使文化创意产业发展到了一个新高度，很多和互联网相关的文化产业也都看到了这一红利，纷纷加入其中。比如，网络技术的发展大大促进了动漫行业的发展与进步，这是因为互联网使动漫有了更加丰富的载体，人们可以通过电脑、手机等网络电子设备观看动漫，而且也降低了动漫创作的门槛，很多小制作、小成本的动漫也能和观众见面。另外，观众还可以通过网络进行沟通与交流，制作方也能根据观众的反馈进行改进，并把观众的想法和创意放到动漫作品中去。

（二）"创时代"背景下我国文化创意产业所面临的挑战

1. 文化创意市场迎来大规模洗牌和重组

在"创时代"里，文化创意产业的门类越来越多，而且规模也在慢慢变大，一些原本是文化消费者角色的人竟开始对文化进行发扬和创造，这就使得以前供给不足的情况有了明显的改善，甚至使供求关系发生了转变。在供大于求的情况下，人们在文化消费方面对多元化有了更高的要求。例如，要求新产品不仅要具有符号性，还应带来更好的体验感，简单来说就是要求新产品能够满足人们的精神需求。因此，对文化创意产业进行大型改组的局面将会出现。

2.法律规章需要健全

在"创时代"里，创意人才在慢慢增多，创意阶层也开始壮大起来，这时就出现了一个新的问题——对创意人才的保护。目前，我国保护知识产权的法律法规还有待健全，大众在知识产权的保护上也没有足够的保护意识。在数据互通的时代，对知识产权的保护即将迎来全新的挑战。另外，还要对文化创意产业基地的一些规章制度进行修订和完善。在建设一些文化园区或是基地的时候，没有制订完善的准入机制，且协同联动机制也存在不规范的问题，在这样的情况下，产业内部出现了很多问题。要想顺利解决这些问题，就必须针对这一产业制定和完善相关的法律法规，从宏观上整合、界定文化创意产业，为其更好更健康发展提供法律方面的保障。

3.创意思路保守

文化创意产业具备创造性、科技性和增值性。在"创时代"的背景下，在传统文化中加入创意元素，能够对传统文化起到一定的传承和保护的作用，同时，这也有助于提升文化创意产业的人文价值。但是，现在我国文化创意产业创意能力较差，创新性有待提高。事实上，很多产业都可能在文化的作用下呈现出人文价值，并使企业自身的文化内涵得到提升，进而提高自身的竞争力，但是，很多企业并没有对文化创意的功能予以重视，因此创意层面始终未能拓宽，也就不能突破缺乏创意和创新性的瓶颈。

（三）"创时代"背景下我国文化创意产业的发展路径

1.拉动创业引擎，保护创意阶层

近年来，国家在文化创意产业方面的财政资金支持力度越来越大，文化创意产业要让这部分经费充分实现其价值，推动创业，扶持小型企业的发展，使产业的规模逐渐扩大，促进产业不断升级。此外，在"创时代"背景下，相关方要牢牢抓住这次的创业契机，使这些创业新生力量发挥自己的巨大能量，同时还要重视对这些新生力量的企业家精神和创新意识的培养，促进文化创意产业的良性发展。在培养创意人才方面，中共中央在2016年印发了《关于深化人才发展体制机制改革的意见》，从多个方面提出了可行且有效的手段和措施。所以，日后在培养人才时，各个相关部门的工作都要落实好，比如，高校、企业、培养基地三方都要发挥自身的功能与优势，积极达成校企合作，开辟一条产学研结合的人才培养之路。高校在对相关课程进行设置时，必须抓住文化创意产业发展和产业化规律，注重对具有国际视野的人才的引进，在高端人才的带领下，促进文化创意产业快速发展。另外，作为管理层，也要意识到文化带来的力量。比如，马云在管理阿里巴巴时就通过文化治企的方式使企业得以健康发展，阿里巴巴在创建初期就非常注重建设企业文化、塑造企业精神。同时，在人才保护方面，要使相关的法律法规真正落地，要与时俱进，及时对法律法规加以完善。同时，还要建立完善的相关网站，为相关的信息搜索、商品交易提供良好的平台。

2.实现触网转身，促进创意集聚

互联网的发展，终端设备的多元，以及网上购物的活跃，促使文化创意产业要想进行内容输出，就离不开网络平台，因此，文化创意产业要高度与网络技术融合，打造出以网络为基础的文化创意产业发展新形态。在创意的驱动下，大胆打破传统界限，进行创新性的结合，促进文化产业的发展，使文化产业的生产力得到大大提升，并且展现出一定的创造力。比如798艺术区，其之所以能誉满全球，是因为创新性的改造，它在原有建筑遗产的基础上重新进行了设计和利用，把画廊、酒吧、餐饮等服务行业融入其中，使其形成了新的文化生产模式，不仅具有艺术性和商业性，还具有时尚感和传统性，使其成了物质和精神并存的创新性艺术区。除了建筑业，文化创意还能和农业、工业等多个行业进行融合，使我国的多种产业更具人文价值。另外，要想使文化创意产业得到更好的发展，早日实现专业化、规模化和集约化，就必须促进创意的集聚，加大力度推动产业园区的建设，以大规模企业为主体，大型项目为引导，坚持合作共赢的原则，培育出大规模、高效益，且具有一定竞争力的产业基地和园区，从而实现人才集聚、资本集聚，使产业内部的竞争力得到提升，为促进我国经济的发展提供强大动力。

3.提升文化创意产业品质，促进供给侧改革

文化创意产业具有原生态性、草根性的特点，并非刚性需求，这就需要结合创新产品来激发需求，因此，文化消费需要通过创意和创新来带动。文化创意产业发展和供给侧改革有着极高的契合度。供给侧改革的重点是解放和发展生产力，用改革的办法推动产业结构调整，减少无效和低端的供给，增加供给结构对需求变化的适应性和灵活性，更好地满足人们的需求，进而促进经济社会的可持续发展。在"大众创业、万众创新"的背景下，我们应

该结合文化创意特点推动其发展，利用供给侧改革对文化创意产业做调整，在不断提升文化创意产业品质的同时结合文化的差异性、原创性和不可替代性等特点，铸造出民族品牌，增强国际影响力；增加创新元素；融入新的商业模式，用创意拉动消费。

参考文献

[1] 陆家桂 . 设计概论 [M]. 北京：机械工业出版社，2004.

[2] 马勇 . 梁漱溟文化理论研究 [M]. 上海：上海人民出版社，1991.

[3] 诺曼 . 情感化设计 [M]. 付秋芳，程进三，译 . 北京：电子工业出版社，2005.

[4] 郑雪 . 人格心理学：第二版 [M]. 广州：暨南大学出版社，2017.

[5] 王俊涛，肖慧 . 产品设计程序与方法 [M]. 北京：中国铁道出版社，2015.

[6] 郭莲 . 文化定义·文化差异·文化冲突 [J]. 理论前沿，2001（24）：20-21.

[7] 刘晖，付萌，王帆 . 红色文化创意产品设计方法探析 [J]. 今古文化创意，2021
（1）：74-75.

[8] 刘贻琪 . 解析文化创意产品的设计方法 [J]. 西部皮革，2020，42（13）：41.

[9] 管洋洋，许占民 . 基于动态叙事效果的文化创意产品设计方法研究 [J]. 工业设
计，2020（4）：73-75.

[10] 陈墨，余隋怀，王伟伟，等 . 文化创意产品的设计方法与路径 [J]. 包装工程，
2019，40（24）：1-10.

[11] 丘庭媚 . 论壮族民间传说在现代文化创意产品设计中的运用原则 [J]. 工业设
计，2020（11）：143-144.

[12] 郑仁思 . 地域性文化创意产品的品牌形象定位与视觉化设计原则 [J]. 美术教
育研究，2018（6）：54.

[13] 刘文佳，吴智慧 . 红木文化创意产品及其开发设计原则 [J]. 包装工程，
2016，37（14）：169-173.

[14] 刘芳，刘娟 . 谈博物院文化创意产品的包装设计原则 [J]. 中国包装工业，
2014（14）：18-19.

[15] 尹恒 . 图形创意在文化创意产品中的应用与创新研究 [J]. 轻纺工业与技术，
2021，50（4）：43-44.

[16] 林媛媛.图形创意在文化创意产品中的应用与创新研究 [J].数字通信世界，2020（2）：248.

[17] 刘美松.以文字探寻中国文化创意方法论 [J].中华手工，2020（6）：120-123.

[18] 王磊.文字的力与美——汉字创意设计在文化创意产品中的应用与价值 [J].设计，2020，33（23）：147-149.

[19] 聂阳.传统文化在现代文化创意产品设计中的表达 [J].世界林业研究，2020，33（3）：123.

[20] 赵应勇.民族文化元素在竹木类创意产品设计中的表达 [J].世界林业研究，2020，33（3）：121.

[21] 唐笑非.色彩在文化创意产品设计中的作用及情感表达 [J].包装工程，2017，38（4）：38-41.

[22] 许立洁，易建芳，肖艳会.体验经济下泰山皮影文化创意产品的设计策略 [J].湖南包装，2021，36（4）：122-125.

[23] 赵楠.体验视角下文化创意产品设计探究 [J].艺术教育，2021（6）：232-235.

[24] 钱晨，樊传果.体验经济下的博物院文化创意产品设计 [J].大众文艺，2019（13）：139-140.

[25] 马微.体验视角下文化创意产品的设计与开发研究 [J].今古文化创意，2021（25）：64-65.

[26] 吴介，刘慧喜.基于情境空间构建的博物院文化创意产品设计方法研究 [J].艺术与设计（理论），2021，2（12）：86-88.

[27] 赵强，王林.文化创意产品设计中情境整合理念的应用 [J].黑河学院学报，2020，11（11）：154-156.

[28] 王伟伟，刘允之，杨晓燕，等.用户行为与情境导向下的文化创意产品设计研究 [J].包装工程，2019，40（24）：27-32.

[29] 武艳芳，王军锋.基于动态情境的博物院文化创意产品设计 [J].包装工程，2019，40（10）：125-130.

[30] 祁飞鹤，肖狄虎，李辉，等.基于情境系统的湖湘文化创意产品设计评价研究 [J].包装工程，2018，39（6）：119-126.

[31] 周子涵.新媒体时代文化创意产业"年轻化"设计研究——以岳麓书院文化创意产业为例 [J].文化产业，2019（2）：7-8.

[32] 周红惠，徐浩宇 . 论生活美学视域下的文化创意产品设计 [J]. 绿色包装，2022（1）：114-119.

[33] 刘曦 . "生活美学"视域下的乡村振兴路径研究——以重庆市三个文旅项目为例 [J]. 重庆文理学院学报（社会科学版），2022，41（1）：16-26.

[34] 单良 . 生活美学中的家居文化创意产品 [J]. 艺术教育，2021（8）：241-244.

[35] 范立娜 . 台湾文化创意产品设计理念的思考与启示 [J]. 西部皮革，2020，42（22）：61-63.

[36] 胡娟，潘小玲 . 基于生活美学的台湾民宿研究 [J]. 中国市场，2020（25）：45-46，79.

[37] 李晓鲁，张芦，殷程科，等 . 五行文化中"五色观"对当代服饰设计的影响 [J]. 西部皮革，2020，42（15）：79.

[38] 周心懿 . 传统美术色彩中的五色观与现代招贴设计的融合与应用 [J]. 长春师范大学学报，2020，39（6）：195-197.

[39] 刘璐 . 从传统"五色观"谈包装设计的色彩运用 [J]. 艺海，2017（5）：70-72.

[40] 戴凌云 . 传统"五色观"在 UI 设计中的应用研究 [J]. 大众文艺，2016（7）：71-72.

[41] 王娇，钟苡君 . 西兰卡普非遗文化创意活态传承研究 [J]. 文化产业，2022（2）：73-75.

[42] 罗旻 . 土家西兰卡普在现代服饰中的体现和传承 [J]. 纺织报告，2021，40（9）：117-118.

[43] 尹婧，田余辉 . 符号学视角下西兰卡普当代重构研究及实践——以手鞠为创作载体 [J]. 设计，2021，34（13）：46-48.

[44] 王劲草，于洁，栾佳玉 . 西兰卡普几何纹样再设计应用研究 [J]. 西部皮革，2021，43（9）：62-63.

[45] 孙海洋，王诗蓉 . 西兰卡普勾纹图案创意设计 [J]. 上海纺织科技，2021，49（3）：106.

[46] 刘宁宁 . 体验经济视野中的节事类旅游产品设计研究 [D]. 上海：华东师范大学，2004.

[47] 杨祢尔 . 基于情境导向下的文化创意产品设计研究 [D]. 张家口：河北建筑工程学院，2021.

[48] 吴文凯 . 文化创意产业视域下西兰卡普民族图案的创新应用 [D]. 大连：大连

工业大学，2020.

[49] 武丽芳 . 基于"五色观"的文化创意产品设计应用路径研究 [D]. 徐州：中国
矿业大学，2019.

[50] 张丽阳 . 台北故宫文化创意产品开发的生活美学取向研究 [D]. 南宁：广西大
学，2019.